Im Zeitalter des Hellenismus erhält die Philosophie durch die fast gleichzeitig in Athen gegründeten Philosophenschulen der Stoiker und der Epikureer neue Impulse. Beide Schulen entwerfen ein komplettes philosophisches System mit Naturlehre, Erkenntnistheorie und Ethik, verfolgen jedoch ganz unterschiedliche Ziele: Während die Stoiker dem Gemeinwesen zugetan sind und die Bedeutung der Pflicht hervorheben, ziehen sich die Epikureer aus der Politik zurück und stellen die Lust ins Zentrum ihrer Lehre. Angereichert durch Kynismus und Skeptizismus wird die hellenistische Philosophie in der Folge nicht nur zum primären Gegenstand der philosophischen Auseinandersetzung bei den Römern und im frühen Christentum, sondern ist bis heute ein viel diskutierter und rezipierter Bereich des abendländischen Denkens.

Hellmut Flashar (1929–2022) war Professor für Klassische Philologie.

HELLENISTISCHE PHILOSOPHIE

PASSAGEN PHILOSOPHIE

Hellmut Flashar

# Hellenistische Philosophie

Passagen Verlag

Deutsche Erstausgabe

Die Deutsche Nationalbibliothek verzeichnet diese Publikation in der Deutschen Nationalbibliografie; detaillierte bibliografische Daten sind im Internet über http://dnb.dnb.de abrufbar.


ISBN 978-3-7092-0570-9
2., überarbeitete Auflage 2023

http://www.passagen.at
Grafisches Konzept: Ecke Bonk
Satz: Passagen Verlag Ges. m. b. H., Wien
Druck: Ferdinand Berger & Söhne GmbH, 3580 Horn

# Inhalt

# Vorwort

Dem Passagen Verlag bin ich dankbar dafür, dass er auch diese Studie über die hellenistische Philosophie in sein Programm aufgenommen hat. Für technische Hilfe, für die Erstellung eines einwandfreien Typoskriptes und des Registers danke ich Caroline Wahl. Ihre Arbeit ist von der Fritz Thyssen Stiftung unterstützt worden, wofür ich sehr dankbar bin.

Die gute Zusammenarbeit mit dem Verlag hat sich erneut bewährt. Die Verlagslektorin Sophie Emilia Seidler hat mit der kritischen Prüfung des Textes wertvolle Arbeit geleistet.

# Hellenistische Philosophie – Begriff und Sache

Unter hellenistischer Philosophie versteht man die Philosophie im Zeitalter des Hellenismus, derjenigen Epoche, die ungefähr die Zeit vom Tode Alexanders (323 v. Chr.) bis etwa zum Beginn der römischen Kaiserzeit (27 v. Chr.) umfasst. Den Begriff „Hellenismus" für diese Epoche hatte Johann Gustav Droysen (1808–1884) geprägt. In seinem dreibändigen Werk *Geschichte des Hellenismus* (1836) hat er diesen Begriff ausschließlich auf die politische Geschichte bezogen.[1] Dabei war und ist der Begriff Hellenismus vor, bei und nach Droysen uneinheitlich und unterschiedlich gebraucht, wenn er teils als eine bestimmte Zeit, teils als ein geistiges Prinzip verstanden wird. Auch die zeitliche Begrenzung schwankt. Ob Alexander (356–323) dem Hellenismus zuzurechnen ist, wurde und wird unterschiedlich beantwortet. Erst später und zögernd ist der Begriff „Hellenismus" – der auch in die anderen europäischen Sprachen Eingang gefunden hat – auf die Philosophie übertragen worden. Noch Eduard Zeller (1814–1908) kommt in seinem monumentalen Werk *Die Philosophie der Griechen in ihrer geschichtlichen Entwicklung* (1856–1868) ohne diesen Begriff aus und nennt die entsprechende Epoche „nacharistotelische Philosophie". Inzwischen ist jedoch die Anwendung des Begriffes „Hellenismus" auf die Philosophie dieser Zeit allgemein durchgedrungen. Allerdings lässt man die hellenistische Philosophie erst um das Jahr 300 v. Chr. mit den Schulgründungen Epikurs und des Stoikers Zenon in Athen beginnen.

Zu dieser Zeit hatte sich die politische Situation Athens seit der klassischen Epoche der Polis verändert, die Stadt blieb aber Zentrum für die Philosophie. Die Veränderungen betreffen insbesondere den außenpolitischen Bereich. Athen war in der zweiten Hälfte des 4. Jahrhunderts zunächst unter makedonischer Besetzung; als Statthalter wurde Demetrios von Phaleron eingesetzt. Sein Namensvetter mit dem Beinamen „Poliorketes“ (Städtebelagerer) hat dann aber im Jahre 307 v. Chr. die makedonische Besetzung vertrieben und die Demokratie wiederhergestellt, bis auch er unter ständigen Kämpfen im Jahre 283 v. Chr. starb.

Trotz der bewegten Geschichte, verbunden mit dem weitgehenden Verlust der außenpolitischen Autonomie Athens, blieb in dieser Zeit die innenpolitische Situation relativ stabil. Bewährte Verfahrensformen und Instanzen wurden beibehalten, so die Einteilung der Stadt in Phylen (Bezirke), Feste (auch das überregionale Panathenäenfest); der Areopag als Gerichtshof wurde neu gefestigt, die Ephebie (Grundwehrdienst) beibehalten, wie ein aus dieser Zeit stammender Papyrus mit dem Text des *Ephebeneides* zeigt. Es gab auch eine beachtliche Nachblüte der Tragödie, wie Fragmente von über 100 im ganzen 4. Jahrhundert neu entstandenen Tragödien belegen, nach wie vor eingebettet in das Fest der Dionysien. Theaterum- und -neubauten in und außerhalb Athens zeugen von einem Weiterleben der Tragödie teils in Wiederaufführungen alter Stücke (vor allem des Euripides), teils durch die Produktion neuer, uns bis auf wenige Reste verlorener Tragödien. Auch gab es eine neue Blüte der Komödie, die vor allem durch Menander repräsentiert wird, der in seinem relativ kurzen Leben (342/1–293/2) über 100 Komödien verfasst hat, die uns teils ganz, teils in Papyrusfragmenten die Lebenswelt des Hellenismus in einer gegenüber der Alten Komödie vor allem des Aristophanes entpolitisierten Sphäre zeigen. Gleichwohl ist der Hellenismus als Epoche durch das Schlagwort vom Rückzug ins Private nicht hinreichend charakterisiert.[2] Es gab natürlich auch neue gesetzgeberische Maßnahmen; die Bautätigkeit nahm infolge eines erheblichen Bevölkerungswachstums zu, eine empfindliche Getreideknappheit (ca. 330) musste überwunden werden.[3] Es blieb aber auch das für die hellenistischen Philosophen spürbare Gesetz bestehen, wonach nur der in Athen geborene Bürger alle Rechte besaß und so nur er Grundbesitz erwerben konnte, während der „Hinzugezogene“ (Metöke) gerade von diesem Recht ausgeschlossen war. Trotz der auch bewegten Geschichte gab es im 4. und im frühen 3. Jahrhundert innenpolitisch keinen grundsätzlichen Wandel der Polis.

Entsprechend stabil ist auch die hellenistische Philosophie in der Tradition und Kontinuität älterer philosophischer Modelle. Sowohl die Lehre Epikurs als auch diejenige der Stoiker ist ohne die philosophische Tradition nicht denkbar. Das kommt sinnfällig darin zum Ausdruck, dass die beiden Schulgründer, Epikur und Zenon, unter dem Eindruck der Begegnungen mit philosophischen Positionen schließlich nach Athen kamen. So soll Epikur bereits mit 14 Jahren begonnen haben, sich mit Philosophie zu beschäftigen (Diogenes Laertius X 2) und war dann an verschiedenen Orten (Mytilene, Lampsakos, Teos) Philosophen begegnet, die ihn beeinflusst haben, unter denen Nausiphanes zu nennen ist, der Epikur vor allem mit den Lehren der Atomisten (besonders Demokrits) bekannt gemacht hat, bis es ihn dann nach Athen gelockt hat.

Und Zenon ist in jungen Jahren mit „sokratischen Büchern" (also wohl mit Schriften Platons) bekannt geworden, die ihm sein Vater von einer Geschäftsreise nach Athen in seine Heimat Kition (heute Larnaka) auf der Insel Zypern mitgebracht hatte und die ihn zur Beschäftigung mit der Philosophie anregten und dann nach Athen führten. Beide Philosophen und ihre Freunde der ersten Stunde kamen also nicht unvorbereitet nach Athen. Es gab auch außerhalb Athens kleinere Philosophenschulen, so in Teos (nördlich der Insel Samos in Kleinasien), in Mytilene auf der Insel Lesbos, in Kyrene (im heutigen Libyen), deren Wirksamkeiten lokal begrenzt blieben. Wer sich mit philosophischen Konzepten wirklich bemerkbar machen wollte, musste nach Athen. Dabei ist Athen erst mit Sokrates und Platon zum zentralen Ort der Philosophie geworden. Keiner der vorsokratischen Philosophen stammte aus Athen, und eigentlich war es erst die platonische Akademie, die Athen zum Zentrum der Philosophie gemacht hat. Von den bei Diogenes Laertius (III 46) listenartig aufgeführten 19 Schülern Platons sind nur zwei Athener. Hinzu kommen als Athener Speusipp (der Neffe und Nachfolger Platons als Scholarch der Akademie) und dessen Nachfolger Xenophanes; ferner Polemon, der Leiter der Akademie zu der Zeit war, als Epikur seine Schule gründete. Keiner der bedeutenden hellenistischen Philosophen stammt indes aus Athen. Der Peripatos als Schule des Aristoteles hatte auch angesichts enormer Forschungsleistung schwer darunter zu leiden, dass Aristoteles kein Athener war und daher das Grundstück, auf dem seine Schule lag, nicht als sein Eigentum erwerben konnte, was erst seinem Nachfolger Theophrast – ebenfalls kein Athener – durch eine Ausnahmegenehmigung gelang.

Gleichwohl war Athen zum Ort der Philosophie geworden, aber auch dort konnte sich ein Philosoph nur im Verband einer Schule, nicht als Einzelner, nachhaltig bemerkbar machen. Dass die beiden Philosophen Epikur und Zenon, die kurz nacheinander nach Athen kamen, sich keiner der bestehenden Philosophenschulen anschließen konnten, sondern eigene Schulen gründeten, hängt mit Niveau und Eigenart der Akademie und des Peripatos zu dieser Zeit zusammen. Epikur hatte, als er nach Athen kam, ein festes Konzept mit der Lust als höchstem zu erstrebenden Gut zumindest präformiert, das keinem der beiden bestehenden Philosophieschulen angegliedert werden konnte. Das Gleiche gilt für Zenon. Zwar wäre bei ihm ein Anschluss an die Akademie denkbar gewesen, hatte doch Polemon bereits die Formel vom naturgemäßen Leben geprägt, die für die Stoa von entscheidender Bedeutung werden sollte. Zenon vermisste aber die lebendige philosophische Auseinandersetzung, die die Akademie weitgehend eingebüßt hatte. Aber auch ein institutioneller Anschluss an den Peripatos kam nicht in Frage. Hier war zu dieser Zeit der Aristoteles-Schüler Theophrast Scholarch (322–288), der bis heute unterschätzt wird, weil von seinem umfangreichen Werk nur ein geringer Teil erhalten ist. Seine Schrift *Charaktere* mit der Skizzierung von 30 verschiedenen Charaktertypen lässt aber erkennen, dass es ihm mehr um die Erforschung von Tatbeständen und um Deskription geht als um die Durchsetzung einer abstrakten ethischen Norm. Sowohl für Zenon als auch für Epikur fehlte den beiden bestehenden Philosophenschulen ein nicht nur lebendiger, sondern auch lebensnaher Impuls für die Formulierung und die Umsetzung eines ethischen Zieles nach einer philosophischen Norm.

Der Vorgang der Gründung einer neuen Philosophenschule war für Epikur einfacher als für Zenon. Denn Epikur konnte sich, obgleich auf der Insel Samos geboren, athenischer Bürger nennen, weil sein Vater in Athen geboren war und als „Kleruch“ nach Samos kam. Kleruchen hießen diejenigen attischen Bürger, die in Besitzungen Athens außerhalb Attikas geschickt wurden, um dort ein Landlos (Kleros) zu verwalten und in Besitz zu nehmen. Damit war auch Epikur automatisch attischer Bürger, mit der Folge, dass er auch als „Ephebe“ in Athen seinen Grundwehrdienst ableisten musste (323–321). Epikur war also bereits mit Athen und auch mit den dort maßgeblichen philosophischen Strömungen vertraut, bevor er als fast 35-Jähriger um das Jahr 305 v. Chr. seine Schule in Athen gründete. Als nicht unbegüteter attischer Bürger konnte er in Athen Grundbesitz erwerben und kaufte ein Gartengrundstück, dem er den Namen Kepos („Garten“) gab und das lebenslang in seinem Privatbesitz blieb. Das war kein Lustgarten, sondern ein Obst- und Gemüsegarten, dessen Früchte auch zur Ernährung der Schulmitglieder dienten.[4] Er war zugleich Symbol für die Philosophie Epikurs als Rückzug ins Private und damit für eine Abstinenz von der Politik. Anzunehmen ist, dass es daneben einen Bibliothekssaal gab, auch als Ort für Vorlesungen und Diskussionen, und einen Raum für gemeinsame Mahlzeiten.

Zenon hatte es als Nicht-Athener schwerer. Er hatte sich lange in Athen umgehört, bevor er zu der Erkenntnis gelangte, dass er sich keiner der bestehenden Philosophenschulen anschließen konnte. Er konnte sich mit seinen Anhängern nur in einem öffentlich zugänglichen Saal treffen, der Stoa Poikile (der „bunten Halle“), von der die Stoa als Schule ihren Namen hat. Es war eine Gemäldegalerie neben der Agora, an deren nordöstlichen Seite in einem Gelände, in dem archäologische Grabungen durch die dort durchfahrende U-Bahn erst neuerdings möglich geworden sind. Beide Philosophenschulen, so unterschiedlich ihre Gründungsumstände auch waren, konnten sich gleich zu Anfang von einem lebendigen Impuls getragen wissen, der den beiden bestehenden Philosophenschulen nicht mehr zu Gebote stand.

# Epikur und seine Schule[1]

In den nahezu 35 Jahren, in denen Epikur seine Schule leitete, war er die unangefochtene Autorität von wechselnden, teilweise nur kurzfristig anwesenden Schülern und Schülerinnen, die sich mit ihrem Schulhaupt als eine in Freundschaft verbundene Gemeinschaft verstanden. Die Freundschaft galt als das Surrogat für ein politisches Engagement, von dem man sich fernhielt.

Es war eine Gemeinschaft, in der auch die Frau gleichberechtigt war und in der Fest- und Gedenktage gemeinsam gefeiert wurden, so Epikurs Geburtstag und der Todestag des relativ früh verstorbenen Schülers Metrodor in Form eines Erinnerungsmahles.

Neben diesem persönlichen Engagement in der Schule hat Epikur unentwegt geschrieben und im Laufe der Zeit ein riesiges Werk zustande gebracht, das in seinem Ausmaß die literarische Produktion aller anderen hellenistischen Philosophen übertrifft. Diogenes Laertius teilt in seiner Darstellung Epikurs mit, es seien etwa 300 Buchrollen gewesen (X 26). Davon erwähnt Diogenes die Titel „nur der besten Schriften" (X 27-28). Das sind immerhin 40 Werktitel über alle Bereiche der Philosophie. Allein das Werk *Über die Natur* umfasst 37 Bücher (= Papyrusrollen). Davon ist der weitaus größte Teil verloren und daher nur in Fragmenten unvollkommen greifbar, erweitert durch Papyrusfunde, die im Zusammenhang mit Ausgrabungen der durch einen Vulkanausbruch verschütteten Stadt Herculaneum (79 v. Chr.) in den Jahren 1752–1754 zutage traten. Die erhaltenen Werktitel beziehen sich auf alle Bereiche der Philosophie und deren Darstellungsformen. So gibt es ein *Symposion*, ein Buch *Über die Musik*, einen *Protreptikos* (eine Mahnschrift zur Beschäftigung mit der Philosophie also), eine Schrift über *Geschenke und Dankbarkeit* und vieles andere mehr. Anlass und Ziele der Schriften sind ganz unterschiedlich. Die umfangreiche Schrift

*Über die Natur* dürfte auf Vorlesungen zurückgehen, die Epikur in seiner Schule gehalten hat. Für den Schulbetrieb waren auch die *Hauptlehrsätze* (κύριαι δόξαι) gedacht, die die Mitglieder der Schule auswendig lernen und sich so jederzeit vor Augen führen sollten.

Erhalten sind von diesem riesigen Werk durch Diogenes Laertius die *Hauptlehrsätze* und drei umfangreiche Briefe an Freunde oder Schüler namens Herodot, Pythokles und Menoikeus. Von weiteren Briefen gibt es Fragmente. Diese Briefe sind auch für einen weiteren Kreis bestimmt, also offene Briefe, die ganz offensichtlich eine protreptische Funktion erfüllen. Die drei erhaltenen Briefe repräsentieren im Wesentlichen die durch die nachplatonische Akademie kanonisch gewordenen drei Bereiche der Philosophie: 1. Logik einschließlich Erkenntnislehre (Brief an Herodot), 2. Physik (einschließlich Kosmologie und Meteorologie (Brief an Pythokles), 3. Ethik (Brief an Menoikeus). Die drei Bereiche, die natürlich auch in vielen anderen Schriften Epikurs behandelt werden, lassen sich nicht voneinander trennen, sondern bilden einen sachlichen Zusammenhang.

Daneben hat Epikur ständig Vorlesungen gehalten, die so eindrucksvoll waren, dass er sich eines wachsenden Zulaufs vonHörern und Hörerinnen, darunter auch Angehörigen der anderen Philosophenschulen, erfreuen konnte. Dabei bedurfte es der Unterstützung durch die Freunde Metrodor, Polyainos und Hermarchos, die ebenfalls Vorlesungen hielten.

Epikur hat sowohl in seinen Schriften als auch in den Vorlesungen die drei traditionellen Kernbereiche der Philosophie behandelt, 1) Logik und Erkenntnislehre, 2) Physik einschließlich Kosmologie, 3) Ethik mit dem Ziel des Lebensglücks.

## *Logik, Erkenntnislehre*

Diesen ersten Bereich nennt Epikur auch Kanonik, wie denn auch eine seiner (verlorenen) Schriften den Titel *Kanon* trägt. Gemeint ist damit eine „Richtschnur“ als Kriterium für die Richtigkeit oder Falschheit eines Sachverhaltes. Epikur nimmt hier in krassem Gegensatz zur Lehre der beiden anderen philosophischen Schulen einen strikt sensualistischen Standpunkt ein. Alle Wahrnehmung ist für ihn wahr. Verfälscht wird eine Sinneswahrnehmung nur, wenn der Verstand die Sinneswahrnehmung verarbeitet und der Wahrnehmung etwas nicht in ihr Enthaltenes hinzufügt. Schon hier greift Epikur die von Demokrit entworfene Atomlehre auf, indem er annimmt, dass feine Bilder kontinuierlich und zuverlässig in den Menschen einströmen und für sich genommen wahr sind, sofern die Sinnesorgane nichts hinzufügen oder wegnehmen. Die Sinneswahrnehmung als Empfindung (πάθος) wird so zu einem Wahrheitskriterium, weil die Wahrnehmung als solche nicht aufhebbar ist. Sie kann nur durch Zutaten des Verstehens und von Meinungen verändert und damit verfälscht werden. Natürlich kennt Epikur auch das Erfassen allgemeiner Sachverhalte. Dafür hat er den Begriff Prolepsis (πρόληψις) eingeführt, wörtlich: „Vorstellung“ einer Sache oder eines Sachverhaltes.[2] Die Prolepsis ergibt sich aus wiederholter Sinneserfahrung und kann somit zum Erfassen allgemeiner Begriffe (Gott, Mensch) führen, und zwar mittels der Sprache, durch deren Medium Prolepsen zustande kommen. Spricht man das Wort „Mensch“ aus, so ergibt sich eine allgemeine Vorstellung vom Menschen mit einer gewissen Evidenz als Ergebnis zahlreicher vorausgegangener Sinnesausdrücke. Epikur steht mit dem sensualistischen Ansatz seiner Erkenntnislehre im krassen Gegensatz zu allen Positionen der platonischen Akademie und des Peripatos.

### *Physik, Kosmologie*

Das Entstehen oder das anfangslose Bestehen des Kosmos und von dessen Grundkräften ist von Anfang an die Kernfrage der Philosophie. Zur Zeit Epikurs waren verschiedene Modelle und Konzepte in der Diskussion. Epikur schloss sich weitestgehend der Lehre Demokrits (ca. 460–371 v. Chr.) an. Das war keineswegs ungewöhnlich oder überraschend. Die Lehre Demokrits war von Aristoteles ausführlich diskutiert und kritisiert worden. Sie fand auch nach Aristoteles nicht nur Kritiker, sondern auch Anhänger. Zu ihnen gehörte der Demokrit-Schüler Nausiphanes von Teos, durch den Epikur die Atomlehre Demokrits kennengelernt haben dürfte, wenn er auch später jegliche Schülerschaft Nausiphanes gegenüber bestritten hat. Sicher bezeugt ist aber doch, dass Epikur in jungen Jahren sich in der Stadt Teos (im kleinasiatischen Festland nicht weit von Samos, seiner Geburtsstadt) aufgehalten und dort von Nausiphanes die Lehren des Demokrit kennengelernt hat.

Zum Verständnis der Lehre Epikurs muss die Theorie Demokrits von den Atomen kurz resümiert werden. Demokrit sah in den Atomen als elementaren Bausteinen der Welt ungewordene und unvergängliche Substanzen, die „unteilbar“ sind, keine qualitativen, aber quantitative Unterschiede aufweisen. Sie sind unterschiedlich an Gestalt und Größe, aber insgesamt so klein, dass sie der sinnlichen Erfahrung unzugänglich sind. Als zweites Seinsprinzip sah Demokrit das „Leere“ an, einen leeren Raum, in dem die Atome ohne äußere Ursache sich in ständiger, anfangsloser Bewegung befinden. Die Atome bewegen sich ungeordnet nach allen Richtungen, sie haben keine einheitlichen Zielrichtungen, sondern schwirren in regellosem Durcheinander wie Staubteilchen unter der Einwirkung von Sonnenstrahlen. Es gibt kein Oben und Unten. Atome können aneinanderstoßen, sich in einem Wirbel einander verbinden, verflechten oder abstoßen. Wie Demokrit sich die Zusammenballung der Atome vorgestellt hat, erfährt man bei Aristoteles, der das Bild von Sonnenstäubchen, die durch ein Fenster als einfallende Strahlen sichtbar werden, zur Veranschaulichung für die von Demokrit angenommenen Atombewegungen angeführt hat (*Über die Seele* I,2 403b3–5). Aus dem Konglomerat vieler Atome können ‚Welten‘ entstehen. Demokrit nahm nicht nur einen Kosmos, sondern zahlreiche ‚Welten‘ an.

Epikur hat die Atomlehre Demokrits grundsätzlich übernommen, aber weiterentwickelt. Er nahm im leeren Raum ein Oben und Unten an und entsprechend eine Urbewegung von Oben nach Unten. Die weniger schweren Atome werden von den schwereren nach oben gedrängt. Er nahm ferner eine (nicht feststellbare, also nur theoretische) Teilbarkeit der Atome in „kleinste Teile“ (ἐλάχιστα, „minima“) an. Eine weitere Teilung ins Unendliche nahm Epikur nicht an, wohl aber unendlich viele Atome. Atome (oder Atomteile) fallen mit gleicher Geschwindigkeit von oben nach unten. Ein Oben und Unten ist dabei aber nur eine relative Größe im Hinblick auf die menschliche Wahrnehmung. Doch es kann Abweichungen von der senkrechten Atombewegung geben, einen Sprung von einer Atomgruppe auf die benachbarte.

Diese Ausgestaltung der demokritischen Atomlehre durch Epikur ist das Thema der Dissertation von Karl Marx: *Über die Differenz der demokritischen und epikureischen Naturphilosophie.*[3] Marx hatte in Bonn und Berlin Rechtswissenschaft studiert, sich aber auch unter dem Einfluss von Hegel intensiv mit Philosophie und Philosophiegeschichte auseinandergesetzt. Schon von seiner Schulzeit am Gymnasium in Trier hatte er fundierte Kenntnisse im Griechischen und Lateinischen. Im gleichen Jahr, in dem Marx an seiner Dissertation schrieb, hat er umfangreiche Exzerpte aus der Schrift des Aristoteles *Über die Seele* (*De anima*) angelegt. Zu dem Abschnitt, in dem Aristoteles begründet, warum der Mensch mehrere Sinnesorgane hat (*De an.* III,1 425b4–11), bemerkt Marx: „Dieß Kapitel ist eines der schwierigsten im Aristoteles und bedarf, da es vielen Anlass zur Missdeutung gibt, der Erläuterung." Die Erläuterung, die Marx gibt, bleibt im Rahmen einer Paraphrase. Die Dissertation schrieb er im Jahre 1840 und reichte sie von Berlin aus mit 23 Jahren am 6. April 1841 als Externer an der Universität Jena ein. Er fügte die Bitte um ein beschleunigtes Verfahren hinzu, die auch prompt erfüllt wurde. Schon mit Datum des 15. April 1841 erhielt Marx die Promotionsurkunde. Eine mündliche Prüfung fand nicht statt. Die Jenaer Promotionsordnung sah die Möglichkeit einer externen Promotion ausdrücklich vor, und insgesamt hielt Marx die Verhältnisse an der Universität Jena für liberaler als die von Friedrich Wilhelm III. in den Regularien konservativ geprägte Universität Berlin. Was die Quellen und Zeugnisse für die Lehre Epikurs betrifft, so ist zu bedenken, dass Marx noch nicht die heute verfügbaren Fragmentsammlungen hatte, sondern die Zeugnisse bei Cicero, Seneca, Sextus Empiricus, Diogenes Laertius und Eusebios selber auffinden und einordnen musste. Er tat das mit bemerkenswerter Souveränität, mit fehlerlosem Zitieren auch der griechischen Quellen, aber auch mit schonungsloser Kritik an den antiken Autoren: „Was Cicero und Plutarch geschwatzt haben, ist bis auf die heutige Stunde nachgeschwatzt worden." Zunächst wendet sich Marx gegen die zu seiner Zeit geläufige Aussicht, die Philosophie Epikurs, der Stoiker und der Skeptiker sei nur ein „Nachtrag" der großen, durch Platon und Aristoteles repräsentierten Philosophie. Er sieht in ihnen vielmehr „Urtypen des römischen Geistes", also wirkungsmächtige Substanzen. Demokrit und Epikur sind für ihn „diametral entgegengesetzt", trotz der Übernahme der Atomlehre Demokrits durch Epikur. Demokrits Ansichten sei „kein philosophisches Interesse abzugewinnen." Das Entscheidende ist für Marx die von Epikur vorgenommene Änderung durch die Annahme der „Declination" der Atome von einer senkrechten Fallbewegung. Dabei geht Marx davon aus, dass die senkrechte Fallbewegung der Atome schon von Demokrit angenommen wurde und die Neuerung Epikurs sich auf die „Declination" beschränkt habe. Diese zur Zeit von Marx offenbar verbreitete Meinung hat auch später noch Eduard Zeller in seinem monumentalen Werk *Die Philosophie der Griechen* (1844–1852) bekräftigt und näher ausgeführt. Da aber ausdrücklich bezeugt ist, dass Demokrit die Atome nur nach Größe und Gestalt differenziert und erst Epikur zusätzlich ein unterschiedliches Gewicht der Atome angenommen hat (Demokrit, Fragment A 47), ist davon auszugehen, dass sowohl die senkrechte Fallbewegung als auch die Abweichung vom senkrechten Fall Lehre Epikurs ist. Diese Abweichung ist für Marx „keine zufällig vorkommende Bestimmung", sondern geradezu eine „Befreiung" von einer festen Determination, eine völlige Veränderung „des Reiches der Atome." Marx sieht darin den Kern der Philosophie Epikurs, den Ansatz für die Entfaltung menschlicher Freiheit als Abweichung von einer Determination. Ausführlich behandelt Marx „die Meteore" und sieht in Epikurs Theorie der Himmelskörper einen Gegensatz zur griechischen Philosophie und zum griechischen Kult ganz allgemein. Der Verehrung der Himmelskörper „tritt Epikur entgegen" durch die Entfernung alles Mythischen, durch die Negierung ihrer Ewigkeit, durch die Annahme vorübergehender und vergänglicher Atomzusammenballungen. Und so formuliert Marx am Schluss: „Epikur ist daher der größte griechische Aufklärer." Marx hat damit zu Recht nicht nur ein eigenständiges, von Demokrit abweichendes Element in der Naturlehre Epikurs gesehen, sondern zugleich bekräftigt, dass gerade darin der Raum für die freie Entscheidungsmöglichkeit des Menschen eröffnet ist. Ein ausnahmsloser Determinismus in der Natur hätte dem Menschen jede Möglichkeit genommen, seine Ziele selber zu bestimmen und zu verfolgen.

Die ganze Kosmologie Epikurs verfolgt das Ziel, den Menschen von der Furcht zu befreien, die von kosmischen Gestalten und vor allem von den Göttern ausgeht. Daher leugnet Epikur jede Art von einer Schöpfung der Welt, weil damit stets eine übernatürliche Schöpfungsgestalt oder -instanz angenommen werden müsste. Vielmehr sei alles Naturgeschehen aus sich selbst erklärbar, ohne einen besonderen Bezug der Natur zum Menschen. Epikur nahm wie Demokrit auch die Existenz unendlich vieler Welten an, von denen einige der unseren ähnlich sind. Zwischen diesen Welten – in den Intermundien – siedelte er die Götter an, die ein seliges Leben führen, ohne sich um die Menschen zu kümmern.[4] Epikur hätte im Rahmen seiner Naturlehre ganz auf die Annahme einer Existenz von Göttern verzichten können. Aber er wollte den auch im Hellenismus noch fest verankerten Götterglauben der Menschen nicht einfach negieren, zugleich aber in der von ihm angenommenen Lebensweise der Götter eine ideale Verwirklichung eines seligen Lebens entwerfen, wie sie ein Vorbild für die „Eudämonie" des Menschen sein kann. Daher hat Epikur die Götter auch als anthropomorphe Gestalten angesehen, die sich selber, aber eben auch anderen keine Sorgen bereiten, so wie es die Menschen im Zustand der verwirklichten „Eudämonie" auch tun. So zeigt sich, dass die Kosmologie Epikurs und damit seine ganze Lehre von der Natur Voraussetzung für seine Ethik ist, indem sie das Ziel verfolgt, den Menschen von dem Glauben an in sein Leben eingreifende göttliche oder jedenfalls übernatürliche Instanzen und damit von Furcht zu befreien, und ihm die Möglichkeit gibt, trotz eines gewissen Automatismus in der Atombewegung einen Spielraum für eine freie Entscheidung offenzuhalten.

### *Ethik*

Anders als bei den meisten anderen Philosophen seit Aristoteles bilden bei Epikur die stereotypen Teilbereiche der Philosophie: Logik (einschließlich Erkenntnislehre), Physik (einschließlich Kosmologie) und Ethik eine innere Einheit.[5] Dabei liegt der Schwerpunkt – wie auch bei den anderen Philosophenschulen in Athen – auf dem Gebiet der Ethik. Doch wäre es eine zu einseitige Betrachtungsweise, wollte man annehmen, Epikur habe seine Erkenntnislehre und Kosmologie nur deshalb dargelegt, um für seine ethischen Grundsätze Raum zu schaffen. Epikur musste, um in Athen anerkannt zu werden, alle drei Bereiche der Philosophie eingehend behandeln. Dass man aus einer Atomlehre für die Ethik auch ganz andere Folgerungen ziehen kann, zeigt Demokrit, dem Epikur doch weitgehend folgt. Wie jede Ethik ist die Ethik Demokrits eine Ethik des guten Lebens, aber seine – in Form von kurzen Gnomen formulierte Maximen eines „Wohlbefindens" als eines ausgeglichenen Zustandes der Seelenruhe, von der Vernunft kontrolliert – steht in keinem inneren Zusammenhang mit seiner Atomlehre. Das ist bei Epikur anders.

Dass der Tod den Menschen gar nichts angeht und also auch gar nicht zu fürchten ist, leitet Epikur aus seiner Atomlehre ab, wonach die materiell verstandene, aus einer Ansammlung von Atomen bestehende Seele sich wieder auflöst und der Tod auch gar nicht wahrnehmbar ist. Angesichts der Endlichkeit des menschlichen Lebens ist keine andere und bessere Welt im Jenseits zu erwarten und entsprechend sind weder Furcht noch Hoffnung angemessen. Es gilt, im Bewusstsein der Endlichkeit die Gegenwart im Sinne eines guten Lebens zu gestalten. Als Ziel einer solchen Lebensgestaltung sieht Epikur die Lust im Sinne einer andauernden seelischen und körperlichen Schmerzfreiheit.

Mit der Erklärung der Lust als Ziel und Gut einer geglückten, auf „Eudämonie" gerichteten Lebensform steht Epikur in einer philosophischen Tradition, die bis auf die Sophistik zurückgeht und der sich Epikur sehr wohl bewusst war.[6]

So hat Platon sich immer wieder mit derartigen Lustkonzeptionen auseinandergesetzt, um schließlich in einem seiner späten Dialoge, im *Philebos*, in der Gegenüberstellung von Lust und Vernunft der Lust des Geistes den absoluten Vorrang einzuräumen. Grundsätzlich ist ihm Aristoteles darin gefolgt, dessen ethische Pragmatien im Rahmen der Darstellung geglückter Lebensformen Begriff und Sache der Lust ausführlich analysieren, wobei Aristoteles – ähnlich wie Platon – nur diejenige Lust akzeptiert, die sich im Gefolge philosophischer Forschung einstellt. Von folgenreicher Bedeutung für Epikur ist vor allem die Lustlehre Aristipps von Kyrene.[7] Aristipp gehörte zu den engsten Sokratesschülern und hat nach dessen Tod Athen verlassen, um in Kyrene (im heutigen Libyen) eine Philosophenschule zu errichten, die bis in den Hellenismus von Bedeutung war. Aristipp sah in der Lust nichts Beständiges, sondern eine temporäre Erscheinung, die auf den Menschen zukommt und ihn auch wieder verlässt. Veranschaulicht hat er das an Wellenbewegungen. Die Lust war für ihn wie eine sanfte Welle, die auf den Menschen zukommt, ihm günstigen Fahrtwind verleiht, ihn aber auch wieder verlässt. Den Schmerz verglich er mit einem Sturm im Meer, der den Menschen geradezu umwirft. Sein Enkel, Aristipp der Jüngere, war es wohl (die Anteile sind nicht klar abgrenzbar), der noch einen neutralen Zustand der Apathie hinzugefügt hat, den er mit einer Meeresstille verglich. Aus dieser Konzeption ergibt sich für Aristipp, dass man die ruhige Lust, die auf den Menschen zukommt, ergreifen, aber ihr nicht unterlegen sein soll. Zwischen einer rein seelischen und einer körperlichen Lust wird dabei nicht unterschieden. Nach Lustbarkeiten, die in der Ferne liegen, soll der Mensch jedenfalls nicht streben. Diese Konzeption war, zumal in ihrer Weiterentwicklung durch den Enkel Aristipps, für Epikur von aktueller Bedeutung.

Schließlich hat Eudoxos von Knidos (ca. 408–336 v. Chr.), als Mathematiker und Astronom angesehenes Mitglied der platonischen Akademie, eine universelle Lustlehre entwickelt, in der die Lust nicht als temporäre Erscheinung, sondern als dauerndes Gut angesehen wird. Eudoxos geht dabei von einer biologischen Grundlage aus. Alle Lebewesen streben von ihrer Geburt an instinktiv nach Lust, und wonach alle streben, das muss ein Gut sein. Eudoxos war Wissenschaftler, und es liegt durchaus nahe, dass er aus seiner biologisch begründeten Theorie für die Lebensführung keine praktischen Konsequenzen gezogen hat, zumal Aristoteles ihn als einen besonnenen Mann charakterisiert, der nicht den Eindruck erweckt habe, er sei ein Freund der Lust (*Nikomachische Ethik* X 2 1172b15–18).[8] Hinzu kommen die ethischen Anschauungen Demokrits. Aus einer Reihe von Fragmenten (B 191–235) wird deutlich, dass Demokrit als Ziel menschlichen Lebens und Verhaltens ein „Wohlbefinden" (εὐθυμίη) und einen Zustand des „seelischen Gleichgewichtes" (εὐεστώ) sah. Um dieses Ziel zu erreichen, wendet sich Demokrit gegen das Überschreiten des rechten Maßes an Genüssen und empfiehlt, extreme Bewegungen der Seele zu vermeiden. Die so erreichte Seelenruhe gewinnt man durch „Besonnenheit" (σωφροσύνη), die das für das dauerhafte Wohlbefinden der Seele richtige Maß setzt. Erstreben soll man nicht jede Lust, sondern die Lust am „Schönen"

(Fragment B 207). Dabei hat Demokrit nicht einzelne Lustmomente im Blick, sondern ein dauerhaftes Wohlbefinden und damit zugleich eine Unerschütterlichkeit der Seele.

Epikur hat die Grundgegebenheiten der atomistischen Physik von Demokrit übernommen und abgewandelt. Ähnlich ist es auf dem Gebiet der Ethik. Jedenfalls konnte Epikur an das Konzept Demokrits auch hier anknüpfen. In evidenter Kenntnis der philosophischen Tradition hat Epikur zunächst eine grundlegende Unterscheidung zwischen zwei Lustarten, der kinetischen und der katastetischen Lust, eingeführt. Die kinetische Lust ist diejenige Lust, die den Menschen ergreift und ihn auch wieder verlässt. Nahezu alles, was bisher unter Lust verstanden wurde, fällt unter die Kategorie der kinetischen Lust. Ihr unreflektiert Dauer verleihen zu wollen, führt zu einer Übersättigung und letztlich zu Erscheinungsformen der Unlust. Ausdrücklich wendet sich Epikur gegen das Streben nach Lust, wie sie in Sauf- und Festgelagen, in vorübergehender Freude an Frauen und Lustknaben liegt. Es bedarf vielmehr kluger Umsicht (φρόνησις), um zu erreichen, dass das Aufgreifen einzelner Lustmomente nicht ins Gegenteil umschlägt, also Schmerzen nach sich zieht.[9] Anders die „katastetische" (beständige) Lust. Sie besteht für Epikur in der andauernden völligen körperlichen und seelischen Schmerzfreiheit. Nur sie garantiert eine „Unerschütterlichkeit der Seele" (ἀταραξία τῆς ψυχῆς), die nur erreicht werden kann, wenn man alles vermeidet, was Schmerzen verursachen kann. Deshalb soll man sich nicht vor dem Tod fürchten, auch nicht vor angeblich strafenden Göttern und sich nicht mit einem politischen Engagement belasten, sofern es einer andauernden als Lust verstandenen Schmerzfreiheit im Wege steht.

Die Konzeption, wonach die einzig zu erstrebende Lust in einer völligen und andauernden Schmerzfreiheit besteht, schließt alles aus, was bisher als Lust verstanden worden war. Epikur verwendet zur Bezeichnung dieser als Schmerzfreiheit verstandenen Lust den Ausdruck „Meeresstille" („γαλήνη", wörtlich: glatte Fläche) und greift damit den Begriff auf (Diogenes Laertius X 83, am Ende des Herodot-Briefes), den Aristipp (der Jüngere) zur Bezeichnung einer apathischen Ruhe verwendet hatte. Sie kann erstrebenswert sein und von ärztlicher Seite als ein Zustand der (körperlichen) Gesundheit bezeichnet werden, aber nicht gerade als Lust.[10] Diese Metapher ist auch später immer als ein von der Lust unterschiedener Zustand bezeichnet worden, so wie in Goethes Gedicht *Meeresstille*: „Tiefe Stille herrscht im Wasser, ohne Regung ruht das Meer. Und bekümmert sieht der Fischer glatte Fläche ringsumher. Keine Luft von keiner Seite! Todesstille fürchterlich!" Sowohl in der Vertonung dieses Gedichtes durch Beethoven (op. 112) als auch in der Ouvertüre *Meeresstille und glückliche Fahrt* von Mendelssohn (op. 27) ist in der musikalischen Gestaltung ganz im Sinne Goethes das Glück als ein Zustand vertont, der der Meeresstille ein Ende bereitet. „Glückliche Fahrt" ist Symbol für das Glück des Menschen. Einzig Epikur sieht in der Meeresstille bereits Lust und Glück in einer Konzeption, die von den Römern an bis in die Neuzeit unbeachtet geblieben ist. Bezeichnend für die grobe Verfälschung der Lehre Epikurs ist schon das gewiss etwas ironische Bekenntnis von Horaz, er sei ein Schwein in der Herde Epikurs (*Epistula* I 4,16). Die Schüler und Weggefährten Epikurs - eine Schweineherde! So wollte Epikur nicht verstanden werden.

Die epikureische Lehre von der Lust ist keine Philosophie des Augenblicks, sondern der Dauer. Angesichts der Vielschichtigkeit des „Hedone"-Begriffs mag die Frage legitim sein, ob man dieses Ziel überhaupt noch „Lust" nennen kann. Aber Epikur verwendet das gleiche Wort, das wir mit „Lust" übersetzen und das von allen Richtungen einer Lustphilosophie gebraucht wird. Die von Epikur so bezeichnete Lebensfreude ist zwar ein Glücksgefühl, zugleich aber Ergebnis eines rationalen Kalküls. Grundlage ist die Erkenntnis, dass man sich nicht zu fürchten braucht, dass man einzelne Lustmomente (im Sinne der kinetischen Lust) zu einer physischen Grundsicherung aufnimmt und darüber hinaus nur, wenn sich daraus keine Schmerzgefühle ergeben. Lust im Sinne einer dauerhaften Schmerzvermeidung ist Ergebnis der Aktivität der praktischen Vernunft (φρόνησις). Ihr kommt die Aufgabe zu, einzelne Erscheinungen der Lust auszuwählen und so zu begrenzen, dass sie keine Schmerzen verursachen, und überhaupt Schmerzen fernzuhalten oder wenigstens zu lindern. Lustvoll und damit glücklich zu leben, beruht also auf einem rationalen Kalkül. Insofern ist die Konzeption Epikurs in ihrer Struktur eine Philosophie der Lebensgestaltung, wie sie seit Aristoteles in allen ethischen Entwürfen zum Lebensziel der „Eudämonie" führt.

Haben wir es einmal dahin gebracht, dann glätten sich die Wogen; es legt sich jeder Seelensturm, denn der Mensch braucht sich dann nicht umzusehen nach etwas, was ihm noch mangelt, braucht nicht mehr zu suchen nach etwas anderem, das dem Wohlbefinden seiner Seele und seines Körpers zur Vollendung verhilft. Fühlen wir uns aber frei von Schmerz, so bedürfen wir der Lust nicht mehr (Diogenes Laertius X 128, Brief an Menoikeus).

Wer den Zustand der Lust als Schmerzfreiheit erreicht hat, wird von Epikur als „weise" bezeichnet. Der „Weise" soll nur unter besonderen Lebensumständen heiraten - (Ehe kann Unruhe bedeuten) - und sich auch nicht aktiv an der Politik beteiligen (Diogenes Laertius X 119). All das kann das dauernde Wohlbefinden trüben. Man mag einwenden, dass andauerndes völliges seelisches und körperliches Wohlbefinden ein theoretisches, in der Wirklichkeit des Lebens nicht anzutreffendes, vielleicht auch gar nicht zu erstrebendes Ideal sei und dass der Schmerz, den Epikur völlig beseitigen wollte, zum menschlichen Leben dazugehöre. Epikur hielt aber den Zustand der völligen und andauernden Schmerzfreiheit für erreichbar. Der Rahmen der Verwirklichung dieser als Wohlbefinden verstandenen Lust ist für Epikur die Freundschaft - als Alternative zu jeder Art einer politischen Institution. So sah er seine Schule als eine Gemeinschaft von Freunden an und suchte, in diesem Sinne mit den Angehörigen seiner Schule zu leben.

Epikur stand auch für das Thema Freundschaft in einer langen philosophischen Tradition. Platon hatte in seinem Dialog *Lysis* die mit der Freundschaft verbundenen Probleme diskutiert; Aristoteles hat das Thema Freundschaft in zwei Abhandlungen (*Nikomachische Ethik* VIII und IX) analysiert, von Theophrast gab es ein Buch *Über die Freundschaft*. Epikur bringt das Thema „Freundschaft" mit der katastetischen Lust in Verbindung. Das Zusammenleben in seiner Schule sah er in diesem Sinne als gelebte Freundschaft an, deren Mittelpunkt er selber war. Dabei war er selber in keinem guten körperlichen Zustand, in den Jahren vor seinem Tode lange Zeit krank und eigentlich keine Inkarnation eines nicht nur seelischen, sondern auch körperlichen Wohlbefindens. In den Wochen vor seinem Tode litt er an Steinleiden und Harnzwang, ist aber dann frohen Herzens in eine mit warmem Wasser gefüllte Wanne gestiegen, ließ sich schweren Wein reichen und sah freudig seinem Ende entgegen (Diogenes Laertius X 15-16). Epikur hat ausdrücklich den Schmerz toleriert, wenn es als Mittel oder Durchgangsstadium zur Lust und damit zum Lebensziel angesehen werden konnte (*Ratae Sententiae* 4). Er selber hat dieses Ziel dauerhaft nicht erreicht. Er war starken Belastungen ausgesetzt: in der aktiven Leitung der Schule als einer Lebensgemeinschaft mit einer intensiven Vorlesungstätigkeit, in dem unentwegten Schreiben eines riesigen Werkes, das in seinem Umfang das aller anderen Philosophen um ein Vielfaches übersteigt, und nicht zuletzt in der wohl langfristigen Beeinträchtigung seiner Gesundheit.

Aber Epikur hat alle diese Belastungen nicht als Einschränkung seines Lebenszieles empfunden. Wohl gab es für ihn Mittel, den Schmerzen entgegenzuwirken. So hat er in der Sterbestunde die Erinnerung an philosophische Gespräche als ein schmerzstillendes Mittel angesehen (Diogenes Laertius X 16). Und es ist im Grunde absurd, dass Epikur schon in der lateinischen Literatur, dann verstärkt bei den christlichen Autoren im christlich geprägten Mittelalter und bis hin in die Neuzeit als Inbegriff eines der Lust verfallenen Menschen empfunden wurde, ohne Beachtung der subtilen Differenzierungen, die mit der spezifisch epikureischen Konzeption der Lust zusammenhängen.

Das (erhaltene) Testament (Diogenes Laertius X 16–21) gibt noch einmal einen Einblick in das Leben der Schule. Die Festtage, einschließlich des Geburtstages Epikurs, sollen weiterhin gefeiert werden, Haus und Garten müssen instandgehalten werden. Ein weiteres im Besitz Epikurs befindliches Haus soll den engeren Schülern als Wohnsitz dienen, Einkünfte müssen sachgerecht verwaltet werden. Das alles sind Obliegenheiten, die auch schon von Epikur selber wahrgenommen werden mussten.

Weiterhin hat Epikur in seinem Testament seinen alten Gefährten Hermarchos zum Nachfolger in der Leitung der Schule bestimmt. Ihm wird auch die offenbar umfangreiche Bibliothek Epikurs vermacht, und er soll überhaupt alle familiären Dinge regeln. Epikur starb mit 72 Jahren (270 v. Chr.). Er war nicht verheiratet.

*Die Nachfolger Epikurs*

Die unmittelbaren Nachfolger Epikurs waren zunächst seine alten Weggefährten Hermarchos (Leiter der Schule direkt nach Epikur), Polyainos und Kolotes; Metrodorus war schon vor Epikur gestorben. Unter ihnen wurde die Lehre Epikurs im Kern bewahrt, wenn es auch Akzentverschiebungen und Ergänzungen gab. Polyainos hatte mathematische Interessen; er und vor allem Hermarchos haben der Rhetorik einen höheren Stellenwert beigemessen. Die Schule verzeichnete einen starken Zulauf, auch von Angehörigen der anderen Philosophenschulen, während umgekehrt keine Epikureer in eine der anderen Schulen wechselten (Diogenes Laertius IV 43). So konnte Kolotes mit berechtigtem Stolz eine (verlorene) Schrift mit dem Titel verfassen: *Nach der Lehre der anderen Philosophen kann man nicht leben.* Bei alledem und bei einer Reihe weiterer Angehöriger des Kepos blieb die Lehre Epikurs unangetastet. Epikur soll einmal gesagt haben, seine Schüler sollten auch nach seinem Tod sich immer so verhalten, als schaue er ihnen gerade zu. Zu ihnen gehört auch Zenon aus Sidon (ca. 150–ca. 75 v. Chr.), der immerhin etwa 25 Jahre lang (100–75 v. Chr.) die Schule in Athen geleitet hat und neben eigenen Schriften das Werk Epikurs auch philosophisch zu bewahren suchte, indem er Unechtes, also Untergeschobenes, aussonderte. Auch hielt er in der Schule in Athen Vorlesungen, an denen zeitweilig sogar Cicero und Atticus teilnahmen (Cicero, *De finibus* I 16).

Aber erst mit Philodem (ca. 110–ca. 40 v. Chr.) ist ein ganz eigenständiger epikureischer Philosoph zu verzeichnen.[11] Er stammte aus Gadara, einer von zehn durch Alexander gegründeten Städte im heutigen Libanon, in der noch zwei Theater und Reste eines Tempels an eine lebendige kulturelle Blüte erinnern. Philodem lebte von 86 bis 75 v. Chr. als Mitglied des Kepos in Athen, ohne Scholarch gewesen zu sein, kam aber dann nach Italien, zunächst nach Rom, dann nach Neapel und wahrscheinlich auch nach Herculaneum, von wo auch die fragmentarischen Papyri aus seinem Werk stammen. Damit aber gehört Philodem zu den hellenistischen Philosophen, die römisches Denken beeinflusst haben. Die zahlreichen und zum Teil umfangreichen Papyri lassen erkennen, dass Philodem eine literarische Tätigkeit entfaltet hat, die in ihren Dimensionen nur mit dem riesigen Werk Epikurs vergleichbar ist.

Die Schriften Philodems sind zum größten Teil nur aus fragmentarischen Papyrusfunden erkennbar. Immerhin sind 47 Schrifttitel überliefert. Sein Werk umfasst alle Bereiche der Ethik, Rhetorik und Poetik (einschließlich der Musik), aber auch polemische Schriften gegen andere Philosophen und Philosophenschulen, ferner mit der Schrift *Über Epikur* eine Verteidigung gegen Angriffe vor allem von stoischer Seite. Die meisten Papyrusfunde der Werke Philodems stammen aus der Villa des Calpurnius Piso, die man dann auch „Villa dei Papiri" nannte. Philodem war nicht nur der erste griechische Epikureer, der auf römischem Boden stand, sondern der auch ein römisches Lesepublikum seiner Schriften im Blick hatte. Am deutlichsten ist das in der Schrift *Über den guten König nach Homer*. Diese um 55 v. Chr. verfasste Schrift ist Calpurnius Piso gewidmet, dem Schutzpatron Philodems. In ihr werden die führenden römischen Politiker und Feldherrn mit den homerischen Helden verglichen und Homer als Feind des Krieges bezeichnet. Im Horizont der homerischen Helden stellt Philodem Postulate für das ideale Verhalten eines Königs auf. Er soll maßvoll leben und handeln, mit Gerechtigkeit herrschen, Milde und praktische Klugheit walten lassen. Bürgerkriege soll er vermeiden, bei Banketts ernste Unterhaltung bevorzugen und, wenn es die Zeit erlaubt, Sport treiben. Alle negativen und positiven Eigenschaften werden mit denen homerischer Gestalten verglichen, doch ist spürbar, dass und wie Philodem die römische Gesellschaft im Auge hat. Zudem ist diese Schrift ein bemerkenswertes Zeugnis für die Rezeption Homers in einem Griechisches und Römisches verbindenden Kontext.

Philodem hat alle Aspekte der Ethik im weitesten Sinn in Einzelschriften behandelt. So sind Titel (und nur wenige Fragmente) von Schriften überliefert wie Hochmut, Habsucht, Dankbarkeit, Zorn, Affekte, Habsucht, Neid, Wahnsinn, Lebensformen, Frömmigkeit, Reichtum, Tod, Heirat, Schmeicheleien. Hinzu kommen mehrere Schriften aus dem Bereich der Rhetorik, Poetik und Musik. Zudem hat Philodem ein ausgeprägtes philosophiegeschichtliches Interesse, das vor allem in den Fragmenten der umfangreichen Schrift *Zusammenstellung von Philosophen* zum Ausdruck kommt. Darin wird auch ausführlich Epikur behandelt. Dazu kommen einzelne Schriften über die Geschichte der Akademie mit ausführlicher Darstellung von Leben und Werk Platons und dessen Schülern und

Nachfolgern, ferner eine Schrift über die Schulgeschichte der Stoiker. Insgesamt hat Philodem ein umfangreiches Werk verfasst, und zwar auf italischem Boden, sodass damit zugleich der römischen Welt ein umfassender Einblick in alle Bereiche der Philosophie aus epikureischer Sicht zur Verfügung stand.

# Die Stoa

## *Zenon*

Zenon[1] ist ca. 333/2 geboren und damit knapp zehn Jahre jünger als Epikur. Seine Geburtsstadt Kition war eine phönizische Gründung und das Phönizische die Landessprache. Aber natürlich war ihm das Griechische vertraut, nicht nur die Sprache, sondern auch die griechische Kultur und insbesondere die Philosophie.

Um sich ganz der Philosophie zu widmen, zog er mit 20 Jahren, also im Jahre 312, nach Athen, machte sich mit den philosophischen Schulen und Strömungen der Stadt vertraut. Wie Epikur konnte auch er sich keiner der bestehenden Schulen anschließen, auch nicht der Schule Epikurs, dessen Gründung er als etwa 27-Jähriger unmittelbar miterlebt haben dürfte. Im Unterschied zu Epikur hatte er zunächst keinen festen Schülerkreis um sich, den er erst allmählich gewann. Immerhin konnte er ab 301 in der Stoa Poikile Vorlesungen halten, und im Laufe der Zeit hat sich daraus ein fester Schülerverbund entwickelt. Über die Einzelheiten gibt es keine verlässlichen Zeugnisse. Ganz offenbar aber hatte sich Zenon als Nicht-Athener mit den politischen Instanzen der Stadt so weit arrangiert, dass ihm die athenische Bürgerschaft angetragen wurde (die er ablehnte) und dass er nach seinem Tod auf Beschluss der Volksversammlung ein Ehrengrab auf dem Kerameikos (Friedhof Athens) erhielt. Er starb – wie Epikur – mit 72 Jahren, also ca. im Jahre 260. Seine Schriften sind ausnahmslos verloren. Es gibt nur Fragmente und 25 durch Zitate überlieferte Schriftentitel. Das Werk Zenons ist weit weniger umfangreich als das Epikurs. Anders als bei Epikur ist gleich zu Beginn der schriftstellerischen Tätigkeit Zenons ein politisches Interesse spürbar, so in dem offenbar frühen Werk *Politeia* (*Staat*).

Den 15 Fragmenten zu dieser Schrift ist immerhin so viel zu entnehmen, dass Zenon in der Auseinandersetzung mit dem platonischen Idealstaat mit einem gewissen Rigorismus zwischen den wenigen Weisen (dem sittlichen Guten) und den vielen Toren unterschieden hat. Der sokratisch-platonische Impuls, an den Menschen Forderungen zu richten, war für Zenon von Bedeutung.

Im Laufe der Zeit aber sah er sich veranlasst, der philosophischen Tradition seiner Zeit folgend, ein philosophisches System in der Dreigliederung: Logik/Erkenntnislehre, Physik, Ethik zu entwerfen.

*Logik, Erkenntnislehre*

Die Testimonien und Berichte über die stoische Erkenntnislehre unterscheiden nicht immer zwischen der Lehre Zenons und den Zutaten oder Abwandlungen seiner Nachfolger.[2] Die Grundlagen hat in jedem Fall Zenon selber gelegt. Zenon hat für die Erkenntnislehre - wie Epikur - einen sensualistischen Ansatz. Am Anfang steht die sinnliche Wahrnehmung. Die Sinne werden von den Dingen affiziert, die in der (körperlich gedachten) Seele einen Abdruck wie in einer Wachstafel hinterlassen. In einer solchen ersten Phase ist die Seele passiv. In einer zweiten Phase „ergreift" die Seele den wahrgenommenen Gegenstand. Für diesen Vorgang hat Zenon den Begriff „Ergreifen" (κατάληψις) geprägt. Dieses „Erfassen" vollzieht sich in mehreren Stufen und Phasen. An erster Stelle steht die bloße „Zustimmung" (συγκατάθεσις) als Zeichen dafür, dass die Seele den Gegenstand nicht nur „ergriffen", sondern in seiner Eigenart aufgenommen hat.[3] Dieses Aufnehmen des Gegenstandes kann dann von der bloßen Wahrnehmung bis zur gesicherten Erkenntnis (ἐπιστήμη) gesteigert werden. Zenon hat diesen Vorgang nach dem Zeugnis Ciceros (*Academica Priora* = SVF 66) durch einen anschaulichen Vergleich erläutert. Das bloße Ergreifen eines Sinneseindrucks wird durch ein leichtes Krümmen der Finger, das „Erfassen" des Gegenstandes in seiner Eigenart durch das Ballen der Hand zu einer Faust und die wissenschaftlich gesicherte Erkenntnis durch das Zusammenpressen der rechten Faust mit Hilfe der linken Hand veranschaulicht. Der Weg vom bloßen „Ergreifen" bis zur sicheren

Erkenntnis ist nicht einfach und kann erst im Laufe der Jahre beschritten werden. Durch wiederholtes „Ergreifen" einer Sinneswahrnehmung ergibt sich eine Erinnerung an den nicht mehr gegenwärtigen Gegenstand der Wahrnehmung. Dieser Vorgang führt zu einer ersten, noch rudimentären Begriffsbildung, für die Zenon mit dem Wort Prolepsis („Vorstellung", auch im wörtlichen Sinne „Vor-nahme") den gleichen Begriff verwendet wie Epikur, und auch im gleichen Sinne. Die Prolepsis ist zunächst eine noch undifferenzierte „Vor-nahme", als Vorstufe zu einem auf Wissen begründeten Urteil. Es handelt sich um Benennungen ein und derselben Sache, zu denen der Mensch schon als Kind in der Lage ist. Zenon meint, dass etwa mit dem siebten Lebensjahr die Fähigkeit einsetzt, auf der Grundlage von zahlreichen „Vornahmen" selbsttätig oder durch Belehrung, unabhängig von einem gerade gegenwärtigen Sinneseindruck, Begriffe zu entwickeln und zu benennen. Die dadurch ermöglichten Begriffsneubildungen können sich dann auch unabhängig von Sinneseindrücken auf bloß gedachte, nicht verwirklichte Objekte beziehen wie auf Mischwesen (Kentauren) oder auf abstrakte Begriffe wie auf den Tod. Zu einer derartigen Begriffsbildung ist der Mensch vom 14. Lebensjahr an fähig, doch nur wenige gelangen zu einer wissenschaftlich gesteigerten Erkenntnis von Mensch und Welt. Diese nennt Zenon „weise" und verwendet auch hier den gleichen Begriff (σοφός) wie Epikur. Trotz einer solchen begrifflichen Nähe und der gemeinsamen sensualistischen Grundlage ist die von Zenon begründete stoische Erkenntnislehre von der Epikurs deutlich unterschieden. Anders als Epikur ist bei Zenon (und den Stoikern überhaupt) die sinnliche Wahrnehmung kein Wahrheitskriterium. Die Wahrnehmung kann wahr oder falsch sein. Zu ihrer Akzeptanz bedarf es der „Zustimmung", die mit Hilfe der Vernunft zu einem begründeten Urteil gefestigt wird und erst so sinnvolles Handeln ermöglicht. Grundlage richtigen Handelns ist ein wissenschaftlich begründetes Argumentationsverfahren. Dazu haben die Stoiker eine Dialektik entwickelt, die sowohl auf Regeln des Beweisverfahrens als auch auf einer in der Terminologie grundlegenden Grammatik beruht.

Zenon und seine Schüler haben eine regelrechte Grammatik ausgebildet, wie sie bis heute Bestand hat. Eine kurze Analyse der sprachlichen Ausdrucksmittel hatte zuvor Aristoteles im 20. Kapitel seiner *Poetik* gegeben. Er unterscheidet als Teile des sprachlichen Ausdrucks Buchstabe, Silbe, Partikel, Nomen, Verb, Kasus und Satz. Den Buchstaben definiert Aristoteles als den unteilbaren Laut, sofern er geeignet ist, zu einem größeren Lautgebilde zusammengesetzt zu werden, was auf Laute, die Tiere von sich geben, nicht zutrifft. Aristoteles unterscheidet sodann die verschiedenen Arten der Buchstaben in Vokal, Halbvokal und Konsonant. Schon hier wird die Absicht der Darlegung innerhalb der *Poetik* deutlich. Es kommt ihm auf die Vermittlung der Sprachelemente im Sprechen an. So erwähnt Aristoteles in diesem Zusammenhang die Formung des Mundes und die Gliederungspartikel in der Rede. Unter diesem Gesichtspunkt erörtert er das Nomen und seine Kasus, die Bedeutung von Singular und Plural, Glossen und Metaphern bis hin zu der besonderen Sprachform des Rätsels.

Ob die Stoiker diese Sprachanalyse des Aristoteles kannten, ist ungewiss. Jedenfalls ist bei den Stoikern die Grammantik in all ihren Verästelungen vollständig und systematisch ausgebaut. Während Aristoteles die Sprache auf ihre mediale, vermittelnde Funktion (etwa des Schauspielers im Theater) hin betrachtet, gehen die Stoiker von der Frage aus, ob und wie die Sprache und, damit verbunden, der Satz ein Erkenntnismittel darstellt. Die grammatische Analyse führt zur Frage nach der Bedeutung von Wort und Satz. Die Grammatik ist bei den Stoikern (der Anteil Zenons ist von dem seiner Schüler nicht klar abgrenzbar) eng verbunden mit logischen Überlegungen und mit Argumentationsstrategien, wie sie im Syllogismus und damit im Schlussverfahren ihre gültige Form haben. Dabei ist dann von Zenon und seinen Schülern die Grammatik in all ihren Verästelungen so systematisch ausgebaut, dass sie unabhängig von ihrer jeweiligen Anwendungsstrategie bis heute im Wesentlichen gültig geblieben ist.[4]

### *Physik, Kosmologie*

Konnte man im sensualistischen Ansatz der Erkenntnislehre noch eine gewisse Nähe Zenons zu Epikur feststellen, so ist Zenons Lehre von den physikalischen Vorgängern in der Welt und von der Kosmologie im Ganzen von vornherein ein Widerspruch zu Epikur. Denn es gibt für Zenon (und für alle Stoiker) zur gleichen Zeit nur eine Welt und diese ist nicht Ergebnis von Atomzusammenballungen, sondern Schöpfung einer gestaltenden Kraft, die Zenon „Gott“ nennt. Das bedeutet, dass die Welt, in der wir leben, ein sinnvolles Ganzes ist, von einer Kraft beherrscht. Diese Urkraft allen Lebens, die die ganze Welt durchdringt, nennt Zenon auch „Vernunft“ (λόγος), „Schicksal“ (εἱμαρμένη), „Vorsehung“ (πρόνοια). Diesem gestaltenden Prinzip stellt Zenon ein aufnehmendes passives Prinzip an die Seite, das von dem aktiven Prinzip völlig durchdrungen ist. Durch das Zusammenwirken beider Prinzipien erklärt Zenon alles Entstehen und Vergehen. Stoff als reine Materie kann sich nicht selber bewegen oder verändern, sondern braucht dazu eine gestaltende Kraft. In Anknüpfung an den allgemeinen Götterglauben sieht Zenon diesen Urquell allen Lebens im Himmel angesiedelt. Gleichwohl ist diese als Gott bezeichnete Kraft als Materie gedacht. Gott ist Feuer, ein Urfeuer, das in warmen Luftströmungen alles Leben auf der Welt ermöglicht. Es mag sein, dass Zenon an ältere Konzepte über das Feuer als Urstoff anknüpft, wie sie zuerst Heraklit entwickelt hat, doch ist die Integration dieses Urfeuers in ein kosmologisches System ganz die Leistung Zenons. Gott als feurige Vernunft der Welt ist ein Urfeuer, das sich in Luft und weiter in die vier Elemente verwandelt und in verschiedenen Mischungen alles Leben hervorbringt. Entsprechend dem materiellen Grundkonzept ist auch die Seele körperlich gedacht und nicht unsterblich. Alles Leben entsteht aus der Mischung der vier Elemente, die ihrerseits stoffliche Träger der Weltvernunft sind. Die Gestirne sieht Zenon als kugelförmige Massen an, die in göttlich geordneter Regelmäßigkeit ihre Bahnen ziehen. Auch die Erde hat – entgegen der älteren Auffassung von der Erde als einer Scheibe – Kugelgestalt, und sie bewegt sich, allerdings nur, solange diese Welt besteht. Denn unsere Welt besteht nicht ewig, sondern geht in einem Welturfeuer (ἐκπύρωσις) auf, um periodisch neue Welten zu erzeugen.

Diese stoische Lehre unterscheidet sich nicht nur von jeder atomistischen Kosmologie, sondern auch von platonisch-aristotelischen Lehren über die Unsterblichkeit der Seele und die Ewigkeit des Kosmos. Die stoische Lehre verbindet einen materiellen Ansatz mit Prinzipien von sinnvoller Ordnung und Vernunft.

Wie für alle Philosophen des 4. und 3. Jahrhunderts v. Chr. ist das Ziel die missverständlich mit „Glück" übersetzte Erkenntnis eines geglückten und gelingenden Lebens, die „Eudämonie". Hier unterscheidet sich Zenon fundamental von Epikur. Die epikureische Lehre von der Lust ist nicht mit einem strengen Postulat verbunden. Wer eine andauernde Schmerzfreiheit und damit die stetige Lust erreichen kann, verwirklicht nach epikureischer Lehre die „Eudämonie". Aber der Mensch wird auf dem Weg zu diesem Ziel nicht unter einen Zwang gestellt. Die stoische Ethik ist indessen von vornherein mit dem Appell an den Menschen verbunden, ein gelingendes Leben durch Handeln aktiv zu verwirklichen.

Das hängt mit der in eine kurze Formel gebannten Lebensmaxime zusammen. Diese Formel heißt, der Mensch solle „in Übereinstimmung mit dem Logos leben" (ὁμολογουμένως ζῆν). Zenon wollte, dass man dabei das Wort Logos heraushört und damit erkennt, dass der Mensch Teil einer auf Vernunft beruhenden Weltordnung ist, gegen die er mit einem Leben ohne Vernunft verstoßen würde. Entsprechend gibt es nur eine Tugend, die Tugend der Vernunft, die allein ausreicht, das Ziel des gelingenden Lebens zu erreichen. Denn diese Tugend vermittelt die Einsicht in das, was gut oder schlecht ist. Alles Handeln wird von dieser Erkenntnis abgeleitet. Das bedeutet, dass alles, was dieser Einsicht entgegensteht, naturwidrig ist. Dazu gehören vor allem die Affekte, eingeteilt in Lust, Leid, Begierde und Furcht. Die Affekte sind für Zenon (und die Stoiker generell) nicht etwas, das dem Menschen geschieht, sondern das er tut. Sich von Affekten bestimmen zu lassen, bedeutet ein frisches, also zeitnahes, falsches Urteil über das, was „gut" und „schlecht" ist. Das gilt als eine widernatürliche Bewegung des Seelenpneumas und damit als eine Perversion der Vernunft. Sich von diesen Affekten freizumachen, ist keine Gefühllosigkeit, sondern eine Unerschütterlichkeit (ἀταραξία) im Leben insgesamt. Mit dem Rekurs auf das Seelenpneuma ist zugleich eine Verknüpfung der Ethik mit der stoischen Naturlehre insgesamt gegeben. So hat denn Zenon im Laufe der Zeit die Formel „in Übereinstimmung leben" ergänzt durch den Zusatz: „mit der Natur", also „in Übereinstimmung mit der Natur" (ὁμολογουμένως τῇ φύσει) leben, sodass der Bezug der „Eudämonie" zur Naturlehre deutlich wird.

Nun gibt es zwischen der zu erstrebenden Tugend und verwerflichen Affekten Werte und Errungenschaften wie Gesundheit, Scharfsinn, Schönheit, Ansehen, Wohlstand. Diese Gegebenheiten hat Zenon für das Erreichen der „Eudämonie" für irrelevant (ἀδιάφορα) gehalten. Dieser schroffe Rigorismus hat sogleich Kritik ausgelöst - auch innerhalb der Schule der Stoiker selbst -, sodass Zenon (und nicht erst Chrysipp) sich zu einer Differenzierung genötigt sah. Den großen Bereich des (angeblich) Gleichgültigen teilte er ein in „vorzuziehende" (προηγμένα) und „nicht-vorzuziehende" (ἀποπροηγμένα) Dinge, er etablierte also einen mittleren Bereich, der nicht insgesamt verwerflich ist. Dabei hatte Zenon von vornherein die Verwirklichung der Tugend und damit das Erreichen der Erkenntnis dem „Weisen" vorbehalten, mit der Konsequenz, dass alle anderen Menschen - und das sind die meisten - Toren sind. Auch diese rigorose Trennung ließ sich nicht lange aufrechterhalten. Mit der Differenzierung in „vorzuziehende" und „nicht-vorzuziehende Dinge" führte Zenon zwischen dem Weisen und dem Toren die Kategorie dessen ein, der Fortschritte macht (προκόπτων). Das sind Menschen, die in Einzelüberlegungen akzeptable Entscheidungen fällen. Sie sind auf dem Wege zur Verwirklichung der „Eudämonie".

Dieser Weg wird durch die viel diskutierte Oikeiosislehre gekennzeichnet.[5] Hier, wie auch in anderen Fällen, ist in den Zeugnissen und Berichten nicht immer klar zwischen Zenon und späteren Stoikern als Vertretern dieser Lehre differenziert. In der voll ausgebildeten Form ist sie Chrysipp zuzuschreiben, doch hat sicher Zenon die Grundlagen gelegt.

Oikeiosis heißt „Zueignung" und bedeutet, dass jedes Lebewesen gleich nach der Geburt spürt, dass es sich selbst zugehörig (οἰκεῖον) und daher darauf aus ist, sich selbst zu erhalten und zu entfalten. Es ist ein Entwicklungsmodell, das in der Struktur den Konzepten von Eudoxos von Knidos und von Epikur ähnelt, wonach jedes Lebewesen von Geburt an bestimmte Triebe entwickelt, nur ist bei den Stoikern nicht die Lust gemeint, die allenfalls eine Begleiterscheinung sein kann. An dieser Stelle ist die stoische Ethik eng mit der Erkenntnislehre verknüpft. Der Mensch erkennt im Verlaufe seines Lebens, was zu ihm gehört, und handelt danach. Zur Selbsterhaltung gehört auch der von der Natur gewollte Fortpflanzungstrieb, sodann zielgerichtete Bewegungen, Selbstwahrnehmung, Wahrnehmung der Umwelt, insgesamt ein vernunftgesteuerter Entwicklungsprozess mit der Einsicht, Gelebtes und Erstrebtes als der Natur gemäß oder als Indifferentes einzuordnen und danach zu handeln. Dazu verhilft die Leistung der Sprache als Grundlage für die Fähigkeit der Begriffsbildung und der Erschließung von Zusammenhängen.

Was der von der Vernunft gesteuerte Mensch zu tun hat, ist das „Zukommende", „das, was an uns herankommt" (καθῆκον). Diesen zunächst vagen Begriff hat, wie Diogenes Laertius ausdrücklich vermerkt (VIII 108), Zenon eingeführt. Wir übersetzen ihn mit „Pflicht", und die ganze neuzeitliche Pflichtphilosophie, wie sie in Kant ihren Höhepunkt hat, geht von hier aus. Es handelt sich also um Forderungen an den Menschen, die seiner Vernunftnatur entsprechen. Die stoische Pflichtethik ist aber nicht isolierbar. Denn sie ist zugleich eine Glücksethik, weil die Erfüllung der Pflichten als dem Menschen naturgemäß angesehen wird und deshalb zum Glück, zur „Eudämonie" führt, die zu verwirklichen das gemeinsame Ziel der hellenistischen Philosophie insgesamt darstellt. Diese „Pflichten" sind bei den Stoikern weitgefasst und beziehen sich auf alles, was der Mensch kraft seiner Vernunft entscheidet. Im Einzelnen führt Diogenes Laertius in seinem Bericht über Zenon an: Eltern, Geschwister und Vaterland in Ehren zu halten, mit Freunden herzlichen Umgang zu haben (VIII 108). Ferner hat Zenon die Pflichten in dauernde und zeitweilige eingeteilt. Dauerhafte Pflicht ist es, generell gemäß der Tugend zu leben und zu handeln. Zeitweilige Pflichten sind, aus jeweils gegebenem Anlass zu fragen und vernunftgemäß zu antworten. Handlungen, die weder pflichtgemäß noch pflichtwidrig sind, gehören zu dem weit gefassten Bereich des Indifferenten. Als Beispiel für derartige Handlungen hat Zenon das Aufsammeln von Reisig oder die Art, wie man ein Schreibgerät hält, genannt.

Die eigentliche Pflicht aber ist der Gebrauch der Vernunft. Damit vertritt der Mensch als Individuum die allgemeine Weltvernunft und seine Freiheit besteht darin, die determinierte Vernunft auch zu wollen. Der Mensch wird damit zugleich in ein soziales Umfeld gestellt, und zwar nicht ganz allgemein, sondern – wie vor allem die ausdrückliche Erwähnung des Vaterlandes zeigt – in eine konkrete soziale und politische Verantwortung. Er wird wieder im Sinne der aristotelischen Definition des Menschen (*Politik* I,2 1253a3) ein „politisches Lebewesen". Darin liegt die wohl auch intendierte Opposition zur Lehre Epikurs von der Lust als Ziel des Menschen ohne jeden Bezug zu einem sozialen oder politischen Kontext.

Während die als „Pflichten" (καθήκοντα) bezeichneten Handlungen von außen an den Menschen herankommen, sind die aus innerem Wissen richtig getroffenen Entscheidungen, für die Zenon den Begriff κατόρθωμα eingeführt hat, Entscheidungen des „Weisen", aber nicht abstrakt, sondern immer so, dass es einen Spielraum zwischen richtigem und falschem Verhalten gibt. Denn auch die richtigen, auf Wissen beruhenden Entscheidungen betreffen Situationen in der Konkretheit des menschlichen Lebens.

Das naturgemäße menschliche Leben ist auch nach stoischem Verständnis ein durch Recht, Sitte und Kultur verfasstes Gemeinschaftsleben. Den Begriff des „Weisen" (σοφός) verwenden sowohl Epikur als auch die Stoiker für den, der in richtigem Handeln und freier Unerschütterlichkeit die „Eudämonie" verwirklicht. Dieser Begriff steht für beide Richtungen in einer Tradition, in der immer schon der „Weise" einerseits als ein anzustrebendes Ideal angesehen wird, andererseits aber auch als der, der die „Weisheit" konkret verwirklicht, wobei die Wertungen schwanken. Schon die „Sieben Weisen" (als Gruppe zuerst bei Platon, *Protagoras*, 343AB erwähnt) gelten in diesem Sinne als Paradigma für ein zu erstrebendes Ideal und dessen Verwirklichung. Während für Pindar weise ist, „wer vieles aufgrund seiner Natur weiß" (*O.* II 14), betont Aristoteles, dass niemand „Weisheit von Natur" hat (*Eth. Nic.* VI 1143b6). Vielleicht ist aus der Geschichte dieses Begriffes erklärbar, warum im Urteil der Stoiker der „Weise" einerseits als kaum zu erreichendes Ideal und andererseits doch als zu verwirklichendes Ziel angesehen wird. Insgesamt zeigt sich in der stoischen Philosophie besonders deutlich, dass der Hellenismus nicht als völlige Entpolitisierung und ein genereller Rückzug ins Private angesehen werden darf.

Wie Epikur hinterließ auch Zenon, der neun Jahre nach Epikur im Jahre 262 v. Chr. starb, eine größere Anzahl von Schülern.[6] Aber anders als bei den Schülern Epikurs ist das Lehrgebäude Zenons nicht als unantastbar empfunden worden. Vielmehr gab es unter den Schülern Zenons erhebliche, auch in Schriften nach außen getragene Differenzen. Wohl schon zu Lebzeiten Zenons fanden innerschulische Diskussionen statt, an denen sich auch Ariston von Chios beteiligte, der am stärksten unter allen Schülern Zenons von dessen Lehre abwich. Logik und Naturphilosophie verwarf er überhaupt als unbrauchbar für die Ethik, weil auf diesen Gebieten eine sichere Erkenntnis nicht möglich sei. Er soll gesagt haben, diese Lehren gleichen Spinnweben, die den Eindruck großer Kunstfertigkeit machten, aber ganz ohne Nutzen seien (Diogenes Laertius VII 161). Mit der Lehre Zenons hat er sich auch inhaltlich auseinandergesetzt, wie der Titel einer Schrift *Über die Lehren Zenons* nahelegt. Im Bereich der Ethik distanzierte er sich von der Pflichtenlehre und leugnete jeglichen Unterschied im Bereich der Adiaphora (des Indifferenten) zwischen zu erstrebenden oder nicht zu erstrebenden Handlungen. Dafür erklärte er kurzerhand ein Leben in dieser Adiaphorie für erstrebenswert, also ein Leben in Gleichgültigkeit, das allein die erstrebte „Unerschütterlichkeit" gewähre. Mit derartigen Anschauungen hat er sich aber so weit von der durch Zenon begründeten stoischen Lehre entfernt, dass er die Schule verließ und Vorträge in einem „Kynosarges" genannten, dem Herakles geweihten Gymnasium hielt, das außerhalb der Stadtmauern Athens lag und in dem Philosophen verschiedener Richtungen Vorträge hielten. Dort soll er viele Anhänger gehabt haben, sodass die Stoa als etablierte Schule in eine Existenzkrise geraten musste.

Diesen Erosionsprozess konnte auch Kleanthes aus Assos, der unmittelbare Leiter der Schule nach Zenon, nicht aufhalten. Kleanthes war nur zwei Jahre jünger als Zenon und dessen Weggefährte seit der Schulgründung. Kleanthes hat die Lehren Zenons nach außen verteidigt, sie aber doch in Einzelheiten modifiziert. Diese Modifizierungen betreffen im Bereich der Kosmologie die Substanz und Gestalt der Gestirne. So sah er den Mond als einen stumpfen Kegel an und verglich ihn mit einer Mütze. Auch hinsichtlich der

Funktion des Feuers als gestaltender Kraft im Zusammenhang mit der Annahme periodischer Weltenbrände hat Kleanthes die Lehren Zenons weiterentwickelt. Das gilt insbesondere für die Sonne, in der Kleanthes das feurige Zentralorgan sieht, aus dem Mond und Gestirne entstehen. So wie die Sonne in ihrer Kugelgestalt im Zentrum des Kosmos steht, sah Kleanthes auch den runden Kopf als ein mikrokosmisches Abbild der Sonne und damit als Zentralorgan an, gegen die herkömmliche Auffassung, im Herzen das Zentralorgan des Menschen zu sehen. Auch auf dem Gebiet der Ethik ist die grundsätzliche Nähe zu Zenon spürbar. Ausdrücklich hat er gegen Ariston an einer Pflichtlehre festgehalten, die er in einer aus drei Büchern bestehenden Schrift näher erläutert hat. Entsprechend hat er auch – wie Zenon – die Adiaphora in bevorzugte und nicht-bevorzugte Handlungen eingeteilt, auch hier mit leichter Modifikation Zenon gegenüber. Vor allem aber war Kleanthes ein feinsinniger Dichter. Sein Hymnos auf Zeus ist ganz erhalten (534 SVF). Der Beginn lautet:

> Mächtigster der Unsterblichen, Vielnamiger, immer der Stärkste,
> Zeus, Herr der Natur, der du nach deinem Gesetz alles lenkst,
> sei gegrüßt! Es ist ein heiliges Gesetz, dich feierlich anzusprechen.

Kleanthes sieht in Zeus nicht nur den Grund und Schöpfer der Welt, sondern auch die Personifikation der Vernunft. Traditionelle Religionsvorstellungen werden mit der spezifisch stoischen Vernunftphilosophie verbunden, wenn es heißt:

> Zeus, Allspender, von schwarzer Wolke
> Umhüllt, du mit dem hell leuchtenden Blitz
> Errette die Menschen vor trauriger Torheit.

Die stoische Weltvernunft wird hier personifiziert in Zeus unter Einschluss durchaus traditioneller Anschauungen über Wesen und Wirkung dieses höchsten, nach stoischer Vorstellung einzigen Gottes. Kleanthes hat damit die stoische Lehre stärker als seine Vorgänger mit der gängigen Zeusreligion verbunden.

Es ist selbstverständlich, dass Kleanthes diesen Hymnos nicht als abstrakte Poesie geschaffen hat, sondern im Hinblick auf die Situation in der stoischen Schule. Die abschließenden Gedanken mit der Bitte um Einsicht in den Logos des Zeus sind eine direkte Aufforderung, nach dieser Vernunft auch zu leben, und so liegt die – allerdings nicht ausdrücklich belegte – Annahme nahe, dass dieser Hymnos anlässlich von Feiern der Schulgemeinde auch gesungen wurde. Es ist dies aber auch ein Mittel, mit dem Kleanthes versucht hat, die Gemeinde der Schüler in der Besinnung auf den Kern der stoischen Lehre zusammenzuhalten. Doch konnte er die Erosion der Schule, wie sie sich vor allem in der Ausgestaltung Aristons manifestiert, nicht aufhalten.

### *Chrysipp*

Der Retter der Stoa war Chrysipp (282/1–206/5). Er stammte aus Kilikien (im Südosten des kleinasiatischen Festlands). Als Zenon starb, war er knapp 20 Jahre alt. Ob er Zenon noch gekannt hat, ist ungewiss. Jedenfalls schloss er sich Kleanthes an, dessen Nachfolger in der Leitung der Schule er dann auch wurde. Er entwickelte ein starkes Selbstbewusstsein, nahm das auch ihm angetragene attische Bürgerrecht an, hielt Vorlesungen vor einem großen Publikum – allein 60 seiner Schüler sind namentlich bekannt – und verfasste auf der Grundlage großer Belesenheit ein riesiges Werk. Er soll täglich 500 Zeilen und insgesamt über 700 „Bücher" (Papyrusrollen) geschrieben haben, wovon etwa 2000 Fragmente erhalten sind. Sie beziehen sich auf alle Teilbereiche der Philosophie, sodass schließlich ein kohärentes System stoischer Philosophie herausgekommen ist, das wieder stark an Zenon angelehnt ist, mit einigen Modifikationen allerdings.

Zunächst hat Chrysipp die von den Nachfolgern Zenons vernachlässigte Logik und Erkenntnislehre stark ausgebaut. Die Tatsache, dass Aussagen über Sachverhalte in Sätzen ausgedrückt werden, hat Chrysipp dazu veranlasst, Satzarten zu unterscheiden in positive oder negative Aussagen, Wünsche oder Gefühle. In diesem Zusammenhang hat er eine komplette Grammatik entwickelt, verbunden mit näheren Analysen über die Funktion von einzelnen Wortarten, über die Struktur von Satzgefügen (parataktisch oder hypotaktisch) und von syllogistischen Schlussverfahren. Parallel dazu hat er stärker als seine Vorgänger einschließlich Zenons die Erkenntnislehre ausgebaut. In Auseinandersetzung auch mit der aristotelischen Kategorienlehre nahm er zum Erfassen und Beschreiben der Wirklichkeit nicht zehn (wie Aristoteles), sondern vier Kategorien an: Substrat, Qualität, Quantität, Reduktion. Näher ausgestaltet hat Chrysipp auch die stoische Lehre vom Pneuma. Zenon hatte das Pneuma schlechthin mit der Wärme gleichgesetzt, mit der Wärme des Feuers, das als gestaltendes Prinzip die Wirklichkeit konstituiert. Für Chrysipp ist das Pneuma ganz konkret der warme Hauch, der sich beim Übergang des Feuers in Luft bildet. Vorausgesetzt ist, dass Feuer dasjenige Element ist, aus dem sich die konkrete Bildung der uns umgebenden Wirklichkeit vollzieht, wie es generell stoischer Lehre entspricht. Das Pneuma ist für Chrysipp das gestaltende Prinzip schlechthin. Es ist identisch sowohl mit der Weltseele als auch mit der als materiell gedachten Einzelseele. Es verleiht Wachstums- und Lebenskraft. Beim Tod vollzieht sich eine Trennung von Leib und Seelenpneuma. Der Mensch haucht das Pneuma aus.

Das Pneuma durchdringt Mensch und Welt. Es ist Träger auch von Gerüchen. Man riecht Wein in der Luft, man spürt Regen und Gewitter in der Luft, im Pneuma. Verbunden damit ist die Theorie von der Mischung und Durchdringung von zwei Körpern, die ganz verschieden sein können, wie auch im Alltag beobachtet werden kann. Ein Tropfen Wein durchdringt Wasser zu einem neuen Gemisch („Schorle"), die Durchdringung der Luft mit Weihrauch ergibt ein ganz eigenes Gemisch.

Chrysipps Lehre vom Pneuma ist keine Änderung, sondern eine Ausgestaltung der Lehre Zenons. Insgesamt hat Chrysipp gegenüber den unmittelbaren Nachfolgern Zenons die stoische Lehre zwar ausgestaltet, aber wieder auf die Grundlage gestellt, die durch Zenon geprägt war.

### *Panaitios*

Chrysipp hatte die stoische Lehre neu systematisiert und stabilisiert. Während seine unmittelbaren Nachfolger daran nicht viel geändert haben, ist mit Panaitios eine ganz ungewöhnliche Persönlichkeit Leiter (Scholarch) der stoischen Schule geworden. Mit ihm die „mittlere Stoa“ beginnen zu lassen, ist eine zu schematische Einteilung. Doch hat er die stoische Lehre nachhaltig so verändert, dass sie eine weitgehende Akzeptanz und Eingang auch in römisches Denken finden konnte. Umso bedauerlicher ist es, dass sein umfangreiches Werk wiederum nur in Fragmenten greifbar ist, teilweise aus Berichten und Paraphrasen Ciceros und damit aus der Perspektive römischen Denkens und Schreibens.[7]

Panaitios ist ca. 185 v. Chr. in Lindos auf der Insel Rhodos geboren, als Glied einer angesehenen und auch begüterten Familie. Rhodos war seit langer Zeit eine wohlhabende Handelsmetropole, begünstigt durch den Zusammenschluss der drei rhodischen Städte Lindos, Ialysos und Kameiros zu einer einheitlichen Polis, die gerade zur Zeit der Geburt des Panaitios ihre höchste Blüte erreicht hatte. Nach einer bewegten Geschichte[8] hat sich Rhodos stark an Rom orientiert, wodurch schon diese äußeren Umstände es nahelegten, dass auch Panaitios sich der Weltmacht Rom zuwenden konnte. Zunächst aber war er in seiner lebendigen Heimatstadt engagiert, noch in jungen Jahren als Priester des Poseidon, der als Meeresgott für die Inselstadt von großer Bedeutung war, und dann in einer Kommandoposition bei einem Unternehmen der rhodischen Flotte (Frgm. 4 van Straaten). Aber das entsprach nicht seiner Neigung, die doch ganz auf die Philosophie gerichtet war. Sie führte ihn nach Athen, wo immer noch die Philosophie mit einer ungebrochenen Strahlkraft ihren Mittelpunkt hatte. Panaitios bewunderte Platon. So hätte es nahegelegen, dass er sich der Akademie anschlösse. Doch die Akademie hatte inzwischen den lebendigen Impuls des Philosophierens eingebüßt, sodass sie für Panaitios nicht mehr in Frage kam. Daher wandte er sich der stoischen Schule zu, deren Scholarch er mit nun schon 56 Jahren im Jahre 129 wurde. Aber die Jahrzehnte zuvor waren für Panaitios und für die Entwicklung der Philosophie im Ganzen von entscheidender Bedeutung. Denn es ereignete sich das, was man das Romerlebnis genannt hat. Panaitios, in lebendiger politischer Atmosphäre aufgewachsen, spürte instinktiv die Notwendigkeit und zugleich die Chance, die Philosophie in das inzwischen zur Weltmacht aufsteigende römische Reich einzuführen. So ist er gegen 144 zum ersten Mal nach Rom gelangt, hat sich dort längere Zeit aufgehalten und auch später mehrfach von Athen aus Rom besucht. In Rom hat Panaitios bedeutende Persönlichkeiten kennengelernt und auch zu Freunden gewonnen. Dazu gehört vor allem der Feldherr und Staatsmann Scipio Aemilianus Africanus, der – mit Panaitios ungefähr gleichaltrig – in Rom hohes Ansehen genoss und im Jahre 147 Konsul war. Damit war aber zugleich auch die Bekanntschaft und wohl auch Freundschaft mit dem (griechischen) Historiker Polybios verbunden, der der Hauslehrer des Scipio gewesen war. Polybios war Grieche und einer der 1000 Gefangenen, die nach dem dritten makedonischen Krieg von den siegreichen Römern nach Rom gebracht worden waren, später aber freigelassen wurden. Als Panaitios nach Rom kam, war Polybios mit nun 56 Jahren schon ca. 25 Jahre in Rom. In Rom hat er dann auch sein Hauptwerk *Historiai* verfasst, das zu großen Teilen, aber nicht vollständig, erhalten ist, und zwar in griechischer Sprache, nicht nur, weil er selber Grieche war, sondern weil er so seinen Landsleuten den Aufstieg Roms zur Weltmacht vor Augen führen wollte. Neben Scipio war es unter den römischen Politikern vor allem Laelius, den Panaitios kennenlernte und als Freund gewann. Laelius, nach dem der Dialog Ciceros *Über die Freundschaft* benannt ist, war seinerseits eng verbunden mit Scipio, den er auf Feldzügen begleitete. Im Jahre 140 war er Konsul, und als Scipio im Jahre 129 starb, soll er auf ihn die Leichenrede gehalten haben. So verlegt denn auch Cicero seinen Dialog *Laelius de amicitia* in das Jahr 129. Diese und weitere römische Aristokraten bildeten den sogenannten „Scipionenkreis", dem eben auch Panaitios angehörte, wenn er in Rom war. Den Begriff Scipionenkreis hat Cicero gebildet (*Laelius* 69: „Scipionis in nostro, ut ita dicam, grege"), und wenn man sich zuweilen auch eine übertriebene Vorstellung von der Bedeutung dieses Kreises gemacht hat, so bleibt doch, dass Panaitios durch die Männer dieses Kreises Eingang in die römische politische und intellektuelle Oberschicht gefunden hat.[9] Und wenn Cicero in seinem Werk *Über den Staat* (*De re publica*) Scipio als Gesprächspartner einführt und ihn sagen lässt: „Wie sehr wünschte ich, dass wir unseren Panaitios bei uns hätten" (*rep.* I 15), so ist damit die Nähe beider Männer dokumentiert. So hat es dann auch einen historischen Kern, wenn die meisten der philosophischen Schriften Ciceros in der Zeit des „Scipionenkreises" spielen. Dabei ist zu bedenken, dass Cicero das Szenario seiner Schriften in eine Zeit verlegt, die ca. 100 Jahre vor seiner Gegenwart liegt.

Inzwischen hatte sich das Bild, das man sich von Scipio machte, verklärt. Doch bleibt festzuhalten, dass er als Politiker und Feldherr streng und hart war. Mit äußerster Härte zerstörte er mit seinen Truppen Karthago (im Jahre 146 v. Chr.). Die Stadt wurde völlig zerstört, brannte 17 Tage lang und nicht weniger als 50 000 Karthager gerieten in die Sklaverei, es gab zahlreiche Selbstmorde.[10] Als dann Scipio weinend auf den rauchenden Trümmern Karthagos gesessen hat und gefragt wurde, warum er weine, soll er geantwortet haben, er denke daran, dass ein solches Schicksal auch einmal Rom treffen könne (Polybios, 38, 21–22). Zugleich aber war er empfänglich für eine Philosophie, die seine ausgeprägte Lehre von der Pflicht mit einer Konzeption vom Menschen verband, wie sie Panaitios vertreten hat. Und so erklärt sich, dass Scipio auf politisch orientierten Gesandtschaftsreisen Panaitios mitgenommen hat, so auf Reisen durch Asien und Ägypten im Jahre 143 v. Chr.

Ein (antikes) Verzeichnis der Schriften des Panaitios ist nicht überliefert. Aber durch einzelne Zitate, vor allem bei Cicero, wird deutlich, dass bei Panaitios noch stärker als bei den Vertretern der alten Stoa die Ethik im Vordergrund steht. Schon die Herkunft aus der weltoffenen Atmosphäre in seiner rhodischen Heimat, besonders aber die Eindrücke und Erfahrungen in Rom, legen nahe, dass sein philosophisches System einsehbar und nachvollziehbar angelegt war, was auch zahlreiche Zitate Späterer eindeutig belegen. Diese Tendenz macht sich auch bemerkbar in Schriften über Physik und Kosmologie. So distanziert sich Panaitios von der altstoischen Lehre, wonach der Kosmos in bestimmten Intervallen in einem Weltenfeuer untergeht, woraus dann neue Welten entstünden. Vielmehr sieht er den Kosmos als ewig und dauerhaft angelegt (Frgm. 65–73 van Straaten). Mantik und Astrologie verwarf er, weil diese Bereiche nicht einsehbar und verständlich gemacht werden könnten. Die Mythen über die Götter, wie sie in der Dichtung dargestellt sind, sah er als reine Phantasie an. Vielmehr solle man den Kosmos in seiner Vollkommenheit bewundern und darin den Menschen als Vernunftwesen begreifen.

In Übereinstimmung mit der altstoischen Lehre sah Panaitios die Seele nicht als unsterblich an, sondern als einen feurigen Lufthauch. Wohl hat er verschiedene Seelenteile unterschieden, aber den Menschen für eine Einheit von Leib und Seele gehalten. Dabei sieht Panaitios die Seele eng mit dem Körper verbunden. Alle Affekte wie Schmerzen und Leiden, die die Seele empfindet, sind vergänglich und damit auch die Seele im Ganzen. Um die Bewunderung Platon gegenüber nicht zu gefährden, hat Panaitios den Dialog *Phaidon*, in dem Platon die Lehre von der Unsterblichkeit der Seele entwickelt hat, für unecht erklärt (Frgm. 84 van Straaten). Cicero berichtet, dass Panaitios Platon (neben Aristoteles und dessen Schülern) immer im Mund geführt habe („semper habuit in ore Platonem", *fin.* IV 69).

Leider wissen wir von einigen Schriften fast nichts, die für die Philosophie des Panaitios von Bedeutung waren. In der Schrift *Über die Vorsehung* wird er sich gegen die altstoische Lehre gewandt haben, nach der die Vorsehung mit Mantik und göttlichen Zeichen verbunden war. Ausdrücklich hat er sich gegen das Orakelwesen gewandt (Frgm. 74 van Straaten). Und in der Schrift *Über den Frohsinn* wird er einen diesseitig orientierten, lebensbejahenden Optimismus gepriesen haben.

Panaitios hat den Menschen in seiner Ganzheit im Blick und unterscheidet nicht zwischen Weisen, Toren und zwischen Menschen, die zwischen diesen beiden Polen Fortschritte machen. Wohl aber sieht er die Stellung des Menschen im Kontext alles Lebendigen, von den Pflanzen mit ihrem Wachstumsvermögen über die Tiere mit der Fähigkeit zur Sinneswahrnehmung und zur Bewegung bis zum Menschen, der mit der Fähigkeit des Denkens und damit erst zum rechten Gebrauch der Sinneswahrnehmungen ausgestattet ist.[11]

Im Einzelnen hat Panaitios (nach dem etwas verkürzenden Bericht Ciceros (*De officiis* I 107ff.) dargelegt,[12] dass jeder Mensch vier „Gesichter" oder „Masken" (πρόσωπα, bei Cicero „personae") in sich trägt, zunächst seine von der Natur gegebene Bestimmung als Mensch mit seinen Fähigkeiten und Möglichkeiten, sodann die individuelle Veranlagung des jeweils einzelnen Menschen, ferner die dem Menschen durch äußere Umstände (Ämter, Ehren, Reichtum) eigene Erscheinungsform und schließlich die Rolle, die der einzelne Mensch kraft eigener Entscheidungen im Leben spielt. Der von Panaitios gebrauchte Begriff πρόσωπον stammt aus der Welt des Theaters und meint zunächst die „Maske" und dann auch die „Rolle" eines Schauspielers. In der Übertragung auf das Leben sprechen auch wir von der „Rolle", die ein Einzelner im Drama des Lebens wahrnimmt.

Dass Panaitios stets Menschen generell im Blick hat, zeigt sich auch in der wohl gravierendsten Änderung gegenüber der altstoischen Ethik. Denn Panaitios hat die rigorose Trennung zwischen einigen Weisen und vielen Toren aufgehoben und war allein interessiert an den (nach der Einteilung Zenons) mittleren Pflichten, die zu erfüllen dem Menschen obliegt, der „Fortschritte macht" (προκόπτων). Zu dieser Kategorie zählte sich Panaitios selber (Frgm. 114 van Straaten). Im Unterschied zur altstoischen Lehre betonte er, dass die Tugend zum glücklichen Leben nicht ausreiche, sondern auch Gesundheit, Kraft und materielle Unabhängigkeit dazu gehöre (Frgm. 110 von Straaten). Diese „mittleren Pflichten" leitet Panaitios (nach dem Bericht Ciceros, *off.* I 121–175) aus den traditionellen Kardinaltugenden ab, wobei er entsprechend seinem Begriff von „Pflichten" die Tugenden Besonnenheit und Gerechtigkeit in den Vordergrund stellt, also diejenigen Tugenden, die für das Leben in Gemeinschaft bedeutsam sind. Die Verwirklichung der Tugenden mit dem Ziel, zur „Eudämonie" zu gelangen, ist also nicht dem „Weisen" (im altstoischen Sinn) vorbehalten. Diesen ganzen Fragenkomplex hat Panaitios in seiner wohl wichtigsten, in drei Bücher eingeteilten Schrift *Über die Pflicht* (περὶ τοῦ καθήκοντος) behandelt, die Cicero in den beiden ersten Büchern der Schrift *De officiis* zugrunde gelegt hat. In seiner undogmatischen Art konnte Panaitios auch das epikureische Lebensziel der Lust in sein System integrieren, indem er zwischen natürlichen, also akzeptierten, und unnatürlichen Formen der Lust unterschieden hat (Frgm. 112 van Straaten). Schwerer zu beurteilen ist, ob Panaitios im gleichen Sachzusammenhang eine explizite Lehre von der Freundschaft entwickelt hat. In Ciceros Schrift *Laelius de amicitia* (*Über die Freundschaft*) wird Panaitios jedenfalls nicht erwähnt, sodass hier Einflüsse von Panaitios nur vermutet werden können. Aber es gab die gelebte Freundschaft vor allem mit Scipio[13], die in Ciceros Schrift *Über die Freundschaft* eingehend gewürdigt wird. Ob und in welcher Weise Panaitios seine Pflichtenlehre mit dem Ziel einer „Eudämonie" verbunden hat, wie es altstoischer Lehre entsprochen hätte, geht aus den Fragmenten nicht hervor. Deutlich ist, dass es sich um einen rein diesseitigen, von kosmischen Mächten nicht beeinflussten Entwurf einer Lebensform handelt, die von so allgemeiner Gültigkeit ist, dass dabei das zugrunde liegende System von zeitbedingten Beschränkungen frei ist, sodass es Eingang in die römische Welt finden konnte.

Insgesamt hat Panaitios die stoische Lehre so umgeformt, dass sie insbesondere in der römischen Welt Akzeptanz finden konnte. Es gibt kein kosmisches Schicksal. Der Mensch ist auf sich allein gestellt. Von Natur sind ihm Pflichten auferlegt, die zu erfüllen er auch in der Lage ist. Es gibt keine andere Welt als die gegenwärtige, die zu bejahen ist und in der der Mensch bei entsprechender äußerer Ausstattung seine „Eudämonie" finden kann.

### *Poseidonios*

Panaitios hat als Scholarch natürlich auch lehren müssen. Der bedeutendste unter seinen Schülern war Poseidonios, der jedoch, von starkem Selbstbewusstsein getragen, ganz eigene Wege ging. Er ist in Apameia in Syrien ca. 135 v. Chr. geboren, war also 40 Jahre jünger als Panaitios. Mit etwa 20 Jahren verließ Poseidonios seine Heimat, in die er nie wieder zurückkehrte. Er begab sich zunächst nach Athen und schloss sich dort der stoischen Schule unter Panaitios an. Aber selbstbewusst wie er war, gründete er eine eigene Schule auf Rhodos, der Heimat des Panaitios. Dort erhielt er das Bürgerrecht, nahm Ämter wahr und war als Gesandter seiner neuen Heimat in den Jahren 87/86 in Rom. Unter seinen Hörern in Rhodos waren dann auch Römer, darunter für einige Zeit sogar Cicero, sodass auch auf diesem Wege ein Traditionsstrom von der stoischen Lehre zu Cicero gelangen konnte.

Poseidonios hat ein riesiges, wiederum bis auf Fragmente verlorenes Werk hinterlassen.[14] Er hat ausführlich über Götter, Dämonen, Heroen, Schicksal, Weissagungen, Tugenden und Affekte geschrieben. Wie fast alle Stoiker hat auch er eine Schrift *Über die Pflicht* (περὶ τοῦ καθήκοντος) verfasst. Dabei wich er in einigen für die Stoa zentralen Fragen von seinem Lehrer Panaitios ab. So ist er mit der Leugnung der Ewigkeit des bestehenden Kosmos zur altstoischen Lehre vom Weltenbrand (ἐκπύρωσις) zurückgekehrt. Auch hat er – gegen Panaitios – der Mantik wieder eine gewisse Berechtigung zuerkannt, ebenso der Astrologie, sofern sie auf einer wissenschaftlichen Grundlage steht. Auch in der Lehre von der menschlichen

Seele geht er eigene Wege. Er sieht sie in Analogie zur Weltseele, und zwar so, dass die Seele mit nicht weniger als 17 Seelenvermögen den Leib zusammenhält. Da er in der menschlichen Seele einen abgespaltenen Teil der Weltseele sieht, geht die Seele des einzelnen Menschen unter und ist nicht unsterblich. Auch in der Lehre von der „Oikeiosis“ (der natürlichen Hinwendung des Menschen) geht er zumindest teilweise eigene Wege. So bewertet er eine Hinwendung zur Lust durch das begehrende Seelenvermögen durchaus positiv, unterscheidet aber wie alle Stoiker scharf zwischen Tier und Mensch, dem allein das Vermögen zum Denken und Urteilen eigen ist. In der allgemeinstoischen Konzeption einer Rangordnung, die von der Pflanze über das Tier zum Menschen führt, hat Poseidonios in der Bestimmung des Menschen in der irdischen Welt ausdrücklich bei der Analyse der grundlegenden körperlichen Konstitution auch die aufrechte Haltung als Voraussetzung für die Betrachtung des Himmels und damit des Göttlichen hervorgehoben.[15] Die aufrechte Haltung des Menschen ist schon vor Poseidonios in der philosophischen Tradition diskutiert worden. In der berühmten, von Platon (*Theaitetos* 174AB) berichteten Anekdote, wonach Thales in einen Brunnen fällt, weil er in aufrechter Haltung nach oben blickt und dann von einer Magd verspottet wird, ist die aufrechte, zum Kosmos gerichtete Haltung Symbol für den Philosophen als Sonderling, der sich um das Nächstliegende nicht kümmert. Sobald aber die menschliche Seele zum Kosmos in eine innere Beziehung gesetzt wird, wird die zweibeinige Struktur des menschlichen Körpers mit der nach oben gerichteten Haltung zum Wesensmerkmal des Menschen. Platon leitet im *Kratylos* (399C) – etymologisch falsch – das Wort ἀνθρωπος (Mensch) von „nach oben blicken“ ab. Dieser zunächst wörtliche Sprachgebrauch zur Charakterisierung des Menschen dem Tier gegenüber kann dann eine metaphorische Deutung annehmen, wenn darunter eine aufrechte Gesinnung verstanden wird, gerade auch in einem politischen Umfeld, in dem für eine solche Haltung Mut und Zivilcourage gefordert sind. Das Fehlen oder die Seltenheit einer solchen Haltung konnte Ernst Bloch in seiner Rede zum 150. Geburtstag von Karl Marx zu der Bemerkung veranlassen, dass es den aufrechten Gang „noch nicht gibt, noch nicht recht gibt“.

Im Bereich der Ethik folgt Poseidonios der allgemein stoischen Doktrin, wonach das zu erstrebende Ziel ein Leben in der Übereinstimmung mit der Natur ist. Er präzisiert diese Formel aber, indem er damit die Verwirklichung der eigenen, inneren Ordnung des Menschen versteht, der dann die ihn umgebende Welt ordnet. Dass die Affekte als eine widernatürliche Bewegung der Seele diesem Ziel entgegenstehen, entspricht der allgemeinen stoischen Lehre. Poseidonios differenziert aber zwischen mehreren Arten von Affekten, so zwischen rein psychischen, körperlichen und psychosomatischen Affekten. Bei Begierde, Angst und Zorn sieht er sogar die unterschiedliche Körpertemperatur, Magenverstimmungen und das Eindringen von schwarzer Galle in das Blut als auslösende Momente eines Affektes an, der so nicht pauschal abgelehnt, sondern als zum Menschen gehörig und entsprechend zu behandeln angesehen wird, jedoch nicht mit dem Ziel einer völligen Apathie, wie es altstoischer Lehre entspräche. Poseidonios hat die stoische Lehre weiterentwickelt und dabei unbedenklich auch Positionen von Platon und Aristoteles eingeflochten.

Seine Aktivität geht aber über den philosophischen Bereich weit hinaus. So hat er das Geschichtswerk des Polybios fortgesetzt. Polybios hatte die Geschichte Roms bis zur Zerstörung Karthagos (146) geführt und war um 120 gestorben. Poseidonios – nun schon in Rhodos ansässig – hat die Geschichte Roms in seiner sehr ausführlichen Darstellung (das Werk umfasste 52 Bücher) bis zum ersten Mithridatischen Krieg und dabei bis zur Einnahme Athens durch Sulla weitergeführt. Vor allem aber hat Poseidonios die Welt bereist wie kein Philosoph vor ihm. Dass Philosophen wissenschaftliche Entdeckungsreisen unternehmen, war neu. Sokrates war stolz darauf, seine Heimatstadt Athen (außer für den Kriegsdienst) nie verlassen zu haben (*Kriton* 52B). Platons Reisen nach Sizilien waren rein politisch motiviert, und Aristoteles hat auch keine wissenschaftlich begründeten Reisen unternommen. Und Eratosthenes (ca. 275–194) hat seine berühmten Forschungen zum Umfang der Erde am Schreibtisch gemacht, war er doch lange Zeit Leiter der alexandrinischen Bibliothek. Die Reisen des Poseidonios stellen nun aber die Reisen seines Lehrers Panaitios, die auch keine Entdeckungsreisen waren, weit in den Schatten. Längere Zeit hielt er sich in der inzwischen unter römische Herrschaft gelangten Stadt Gades (Cádiz) auf einer Landzunge im Südwesten Spaniens auf. Hier beobachtete er vor allem die Gezeiten des Meeres und entdeckte, dass Ebbe und Flut von Sonne und Mond abhängig sind. Seine Entdeckungen legte er in dem umfangreichen Buch *Über den Ozean und seine Bewohner* dar. Sicher ist Poseidonios auch weiter in den Norden gereist. In Schriften *Über die Größe der Sonne, Meteorologie, Küstenumfahrung* oder *Erdbeschreibung* hat Poseidonios die Ergebnisse seiner Forschungsreisen umfassend dargestellt. Aber auch in seinem großen, in 52 Bücher eingeteilten Geschichtswerk hat Poseidonios Sitten und Gebräuche der von ihm geschilderten Völker dargestellt, so der Kelten, Etrusker, Gallier, Kimbern und Germanen. Bei ihm ist zum ersten Mal das Wort „Germanen" belegt (Frgm. 73 E.-K. = 188 Theiler). Er meint damit allerdings nur einen Keltenstamm am Rhein. Überall hat Poseidonios im Sinne einer umfassenden Völkerkunde die Sitten und Gebräuche, Kleidung, Waffen, Körperpflege und Essgewohnheit untersucht und dabei auch ganz ungewöhnliche Praktiken erwähnt, etwa wenn die Massiliaten (heute: Marseille) die Knochen von Gefallenen zur Befestigung von Weinstöcken gebrauchten (Frgm. 203 Theiler). Dabei stand im Mittelpunkt die römische Geschichte, in der Sulla als Freiheitsheld angesehen wird, der im Jahre 86 v. Chr. Athen unterworfen, zerstört und zur Plünderung freigegeben hat. Eine innere Beziehung zu Athen hatte Poseidonios nicht. Er hielt sich gerade in diesen Jahren vorwiegend in Rom auf. Die Fragmente und Testimonien über sein historisches Werk enden für die Jahre 87/86, und vermutlich wird Poseidonios damit auch sein Geschichtswerk abgeschlossen haben, obwohl er noch bis zum Jahre 51 (v. Chr.) gelebt hat.

Zusammen mit den historischen Untersuchungen und den philosophischen Schriften hat Poseidonios ein Werk geschaffen, das in Umfang und Themenvielfalt die Publikationen aller anderen Stoiker bei Weitem übertrifft.

Hinsichtlich der Abgrenzung dessen, was bei späteren Autoren als Gedankengut des Poseidonios über das durch Zitate Gesicherte hinaus gelten kann, gibt es seit langem eine Kontroverse, die man „die poseidonische Frage" nennt.[16] Sie besteht darin, dass man schon im 19. Jahrhundert Poseidonios als Quelle bei späteren Autoren auch dann angenommen hat, wenn dabei sein Name nicht genannt ist. Das betrifft vor allem Cicero, in dessen Schriften (besonders im ersten Buch der *Tusculanen*, aber auch in seinen Schriften zur Staatslehre) Poseidonios ungenannt auf weite Strecken als Quelle angenommen wird. Mag dies in gewissem Umfang auch zutreffen, so bleibt aber dabei oft unberücksichtigt, dass Cicero seine Quelle so umgestaltet hat, dass sie nicht ohne Weiteres wie ein wörtliches Zitat behandelt werden kann, selbst dann nicht, wenn der Name Poseidonios genannt ist. Darüber hinaus sind es auch die eher historisch orientierten Werke eines Strabon und Diodor, die in reichem Maße für Poseidonios in Anspruch genommen werden. Dabei sind unterschiedliche Poseidoniosbilder herausgekommen, sodass die Geschichte der „poseidonischen Frage" weiterhin identisch ist mit der Geschichte der Poseidoniosforschung insgesamt.[17] Man sah in Poseidonios einen Vitalisten, einen Dynamiker, einen Ätiologen. Eine besondere Wendung in der Poseidoniosfrage ist Karl Reinhardt zu verdanken, der in mehreren Publikationen den Begriff der „inneren Form" als charakteristisch für Poseidonius ansah. Er meinte damit eine ausgeprägte „Lebenskraft". Wenn sie in Texten erkennbar ist, für die sonst Poseidonios als Quelle nur erschlossen werden kann, dann sei man auf sicherem Boden.[18] An dieser Maxime hat es dann auch viel Kritik gegeben. Man hat Reinhardt unterstellt, dass er „mit genialischer Unbekümmertheit und akrobatischem Geschick das geistige Porträt des Mannes neu zu gestalten suchte und in ihm ein Stück von einem antiken Goethe zu entdecken hoffte".[19] Die Skepsis gegen derartige Konstruktionen ging schließlich so weit, dass die Fragmentsammlung von Edelstein/Kidd nur die für Poseidonios durch die Erwähnung seines Namens gesicherten Texte enthält, während die Sammlung von Theiler in vertretbaren Grenzen auch Texte aufnimmt, als deren Quelle Poseidonios nur erschlossen werden kann. Angesichts der Fülle der Schriften des Poseidonios zum Bereich der Naturkunde ist dann auch seine philosophische Leistung als gering angesehen worden.[20] Das alles – und dabei eine inzwischen eingetretene Abstinenz in der Erörterung der „poseidonischen Frage" – hat zur Folge, dass in neueren Darstellungen der Stoa Poseidonios nur in wenigen Worten abgehandelt wird. Dabei sollte aber doch seine ungeheure Leistung in der Naturkunde als ein Teil seiner Philosophie angesehen werden.[21] Die ausgedehnten Reisen sowie die Gründung einer eigenen Schule in Rhodos haben dazu geführt, dass Poseidonios nicht ständig in Athen sein konnte, um seine Verpflichtungen als Leiter der stoischen Schule zu erfüllen. Das hat die Kontinuität der Schule beeinträchtigt. Es gab einige unbedeutende Nachfolger, bis schließlich einzelne Stoiker, losgelöst vom Verband der Schule, auf römische Politiker einwirken konnten.

Die Kontinuität der Philosophenschulen in Athen wurde vor allem durch den römischen Feldherrn Sulla gebrochen. Athen war zu Mithridates VI. (Eupater) abgefallen, der als Schöpfer eines Schwarzmeerreiches ein gefährlicher Gegner Roms war. Mithridates fühlte sich als Beschützer des Hellenismus und als Retter Athens. Das forderte Rom heraus, und so hat Sulla am 1. März 86 v. Chr. Athen belagert, erstürmt, verwüstet und seinen Soldaten zur Plünderung freigegeben. Die Platanen der platonischen Akademie wurden als Holz für die Belagerungsmaschinen verwendet. Die Akademie hat – als einzige der Philosophenschulen – den Unterricht bald wieder aufgenommen, in einem Gymnasium an der Südseite der Agora. Die Stoa hatte ihren geistigen Mittelpunkt schon durch Panaitios in Rom, ohne festen Schulverband.

Die Struktur der einzelnen Philosophenschulen war immer Schwankungen unterworfen. Zunächst war es eine Lebensgemeinschaft, die aus den fest an die Schule gebundenen Mitgliedern bestand. Am stärksten war dies in der Akademie der Fall, aber auch in der Schule Epikurs, während die Stoa von vornherein infolge der zunächst provisorischen Wirkungsstätte einen lockereren Verbund darstellte. Im Laufe der Zeit aber traten in allen Schulen Lockerungserscheinungen auf, bis schließlich die Zugehörigkeit zu einer philosophischen Richtung nur in dem mentalen Bekenntnis bestand. Stoiker war der, der sich zur stoischen Philosophie bekannte, ohne förmliches Mitglied der Schule sein zu müssen. Dazu passt, dass die Überlieferung über die Sukzession der Scholarchen etwa zu Beginn des 1. vorchristlichen Jahrhunderts abbricht.

# Kyniker und Skeptiker

Mit den Kynikern und Skeptikern haben sich in Athen neben den etablierten Schulen zwei philosophische Richtungen bemerkbar gemacht, die aus unterschiedlichen Gründen nicht den festen Charakter eines Schulverbundes erstrebt haben. Beide Richtungen, so unterschiedlich sie sind, knüpfen in ihren Anfängen an Sokrates an.[1]

Für die Kyniker besteht die Überlieferung fast ausschließlich aus zahlreichen Anekdoten mit unterschiedlichem Zeugniswert. Sie füllen das ganze 6. Buch in der umfassenden Philosophiegeschichte von Diogenes Laertius. Als Begründer des Kynismus gilt der Sokrates-Schüler Antisthenes (ca. 445–365). Platon erwähnt ihn nicht, wohl aber Aristoteles, der ihn und seine Anhänger „einfältig" und „ungebildet" nennt (*Metaphysik* 1024b32; 1043b24). Antisthenes hielt in Athen Vorlesungen in dem Herakles geweihten Gymnasium Kynosarges, etwas außerhalb der Stadtmauern. Und es ist wahrscheinlich, dass von dem Namen dieses Gymnasiums (das wiederum nach einem benachbarten Tor benannt ist) der Begriff der Kyniker abgeleitet ist, während die Herleitung von κύων (Hund) sekundär zu sein scheint und eher auf den Schüler des Antisthenes, Diogenes von Sinope (ca. 405–320), zutrifft. Was Antisthenes in dem Gymnasium Kynosarges gelehrt hat, lässt das umfangreiche, von Diogenes Laertius (VI 15–19) mitgeteilte Schriftenverzeichnis erkennen. In seinen Traktaten, Dialogen und Deklamationen hat Antisthenes die traditionellen Bereiche der Philosophie, Erkenntnislehre, Logik, Rhetorik und Ethik umfassend erörtert. Hinzu kommen einige Schriften, in denen Fragen der Homerinterpretation behandelt werden. Antisthenes wandte sich gegen die platonische Ideenlehre, gegen den traditionellen Götterglauben, gegen die bestehenden politischen Verhältnisse, gegen die jeweils geltenden Gesetze. Die „Tugend", wie er sie versteht, hielt er für lehr- und lernbar. Sie war ihm autark, um die „Eudämonie“ zu erreichen, sofern die Kraft eines Sokrates hinzukommt. Man sieht, dass hier stoische Positionen vorweggenommen sind, was auch in der Forderung nach einem naturgemäßen Leben zum Ausdruck kommt. Wenn Antisthenes das naturgemäße Leben der Tiere dabei als Vorbild ansieht, ist die typisch kynische Variante seiner Philosophie erkennbar.

Dieser kynische Akzent wird radikalisiert durch den Schüler des Antisthenes, Diogenes von Sinope, der um das Jahr 390 v. Chr. nach Athen gekommen ist.[2] Als „Diogenes in der Tonne“ ist er sprichwörtlich geworden, umringt von zahlreichen Anekdoten. Mit der „Tonne“ ist ein „Pithos“ gemeint, ein mannshohes Vorratsgefäß, das umgekippt Diogenes als sogar nicht ganz ungemütliche Behausung diente, in der er unter Verzicht auf eine feste Wohnung lebte und im wörtlichen Sinne ein „Hundeleben“ führte. So aß er nur wildwachsende Kräuter und rohes Gemüse; er trank nur Wasser. Seine Mahlzeiten nahm er in der Öffentlichkeit ein, in der er auch seine sexuellen Bedürfnisse befriedigte. Er führte ein wirkliches Hundeleben, sodass auf ihn im vollen Sinne das Wort „Hund“ als Bezeichnung des „Kynikers“ zutrifft. Das ging so weit, dass er sogar das Essen von Menschenfleisch für legitim hielt. Trotz der animalischen Lebensverhältnisse hat Diogenes mehrere Schriften hinterlassen, zumeist Dialoge (Diogenes Laertius VI 80). Auch soll er einige Tragödien geschrieben haben, darunter einen *Ödipus,* in dem er die Heirat des Oedipus mit seiner Mutter und die Zeugung von vier Kindern mit ihr als einen völlig legitimen Vorgang dargestellt hat. Obwohl manche dieser Nachrichten in ihrer Authentizität umstritten sind, wird doch so viel deutlich, dass der Kynismus in Diogenes eine nicht mehr überbietbare Radikalität erfahren hat, die ihre Grundlage in der Ablehnung aller Sitten, Gebräuche und Normen als nicht im strengen Sinne naturgemäß hat.

So ist es verständlich, dass Diogenes in Onesikrates, Philiskos, Krates, Monimos, Metrokles und Bion in ihrem Bekenntnis zur kynischen Lebensform in Theorie und Praxis nur relativ unbedeutende Nachfolger hatte.[3]

Sie alle gehören noch dem 4. Jahrhundert v. Chr. an und damit in die Zeit vor der hellenistischen Philosophie, von der die kynische Maxime vom naturgemäßen Leben gleichsam aufgesogen wurde und in Stoa und Epikureismus eine Ausprägung erfuhr, die in breiterem Sinne akzeptabel war. Ganz ist der Kynismus allerdings nicht in die beiden hellenistischen Philosophieschulen aufgegangen. Er lebt fort in Menipp von Gadara (ca. Mitte des 3. Jahrhunderts v. Chr.) mit einer ganzen Reihe von Schriften, die dem Kynismus zuzusprechen sind, sodann in Kerkidos aus Megapolis mit einem in mehreren Schriften erkennbaren Lob der Anspruchslosigkeit. Alle diese Autoren sind weit entfernt von dem Rigorismus eines Diogenes, verstehen sich aber als Anhänger eines gemäßigten Kynismus. Insgesamt aber ist der Kynismus in der Zeit des Hellenismus geschwächt, um erst zu Beginn der römischen Kaiserzeit als eigenständige philosophische Position wiederaufzuleben.

Schon im 1. Jahrhundert n. Chr. ist in Rom der Kyniker Demetrius wirksam, den Seneca „einen großen Mann" nennt (*De beneficiis* 7,1–2) und geradezu bewundert (*Epistulae Morales* 62,3). Er konnte in der Opposition gegen die römische Staatsform so gefährlich werden, dass er von Kaiser Vespasian zeitweilig in die Verbannung geschickt wurde. Als Demetrius unbeirrt an seiner Überzeugung festhielt, soll Vespasian gesagt haben: „Du forderst mich heraus, dich hinrichten zu lassen, ich aber töte keinen bellenden Hund" (Cassius Dio 65,13,1–3), mit deutlicher Anspielung auf die sprachliche Ableitung des Wortes „Kyniker" von „Kyon" (Hund).

Vom 2. Jahrhundert n. Chr. an gab es in verstärktem Maße kynische Wanderprediger, die in ihrer Kritik gegen den traditionellen Götterglauben und die damit verbundenen staatlichen Kulte einen strikten Monotheismus vertraten, hierin den stärker werdenden Christen nicht unähnlich. Insbesondere Lukian (ca. 120–180) hat in seiner Schrift *Über das Lebensende des Peregrinus* den freiwilligen Opfertod dieses kynischen Wanderpredigers mit satirischer Kritik beschrieben.

Peregrinus, der sich in Anspielung auf den in der homerischen *Odyssee* (4,349–570) erwähnten Meeresgott mit Sehergabe Proteus nannte (auch sein Großvater hieß so), war eine bekannte Persönlichkeit. Er stand zunächst der christlichen Kirche in Palästina nahe, hat sich dann aber nach Aufsehen erregenden Attacken gegen die römische Herrschaft ganz als Kyniker verstanden. Entsprechend wohnte er in einer einfachen Hütte etwas außerhalb Athens. Sein Zeitgenosse Gellius nennt ihn „einen ernsthaften und standhaften Mann" (12,11), der dann in der Kritik gegen bestimmte Einrichtungen in Olympia (Bau einer Wasserleitung zur Bequemlichkeit der Besucher) bei den olympischen Spielen des Jahres 165 einen Scheiterhaufen bestieg, um sich selbst zu verbrennen. Er wollte sich von den Konventionen der bürgerlichen Gesellschaft lossagen und zugleich das damit verbundene Leben verachten. Dass diese Tat des Peregrinus gerade während der olympischen Spiele stattfand, bewirkte angesichts der aus allen Gegenden herbeigeströmten Menschen eine Verbreitung über die ganze griechische und römische Welt.

Ein Beispiel für die Faszination, die von dieser Gestalt ausgeht, ist die Erzählung *Peregrinus Proteus* von Christoph Martin Wieland (1733–1813), in der es eine Unterredung zwischen Peregrinus und Lukian gibt. Es ist von verschiedenen Reisen des Peregrinus die Rede, von seiner Liebe zur Priesterin der Göttin Venus, in deren Wohnung Peregrinus aufgenommen wird, der er sich aber bald wieder entzieht, um in eine christliche Wohnung zu gelangen, deren Bewohner ihn tief beeindruckt haben. Und in der Tat gibt es im Neuen Testament Motive, die im Kontext der Bedürfnislosigkeit als Lebensmaxime dem kynischen Gedankengut nahestehen.

Lukian hat sich auch sonst mehrfach mit den Kynikern auseinandergesetzt,[4] insbesondere in dem Dialog *Der Kyniker,* in dem ein Lykinos (hinter dem sich vielleicht Lukian verbirgt) und ein Kyniker ein Streitgespräch führen. Lykinos wirft dem Kyniker vor, er lebe wie ein Tier, dreckig, langhaarig und komme barfuß daher. Er preist ein gutes Leben mit abwechslungsreicher Nahrung, weichem Brot und schönen Häusern. Der Kyniker sieht darin einen überflüssigen Luxus und verweist für die einfache Kleidung auf die Bilder der Götter, die mit einem einfachen Gewand dargestellt werden.

So könnte man die Frage stellen, ob die Kyniker überhaupt als Vertreter einer philosophischen Richtung im Sinne der hellenistischen Philosophie anzusehen sind, zumal die Kyniker sich ganz auf die Ethik und dabei speziell auf die Frage der Lebensführung beschränkt haben. Diese Frage ist aber schon von Diogenes Laertius gestellt und beantwortet worden:

Wir halten auch sie (die Kyniker) für eine philosophische Sekte, nicht, wie manche meinen, bloß für Vertreter einer bestimmten Lebensweise (VI 103).

Und abschließend charakterisiert Diogenes die Lebensweise der Kyniker so:

Sie verwerfen auch die üblichen Wissensfächer. Wer die Herrschaft über sich selbst gewonnen hat, der gibt sich nicht mit grammatischen Künsten ab [...]. Auch die Geometrie verwerfen sie und die Musik und alles dergleichen [...]. Sie predigen ein genügsames Leben, begnügen sich mit Speisen, die unmittelbar nur den Hunger stillen, und mit ihrem Mantel, unter Verachtung des Reichtums und der hohen Geburt. Zuweilen leben sie nur von Kräutern und durchgehend nur von kaltem Wasser. Ihr Unterkommen finden sie unter dem ersten besten Obdach, auch in Fässern, wie Diogenes, der zu sagen pflegte, es sei göttlich, nichts zu bedürfen, und gottähnlich, nur wenig nötig zu haben (VI 103–105).

Erst ganz allmählich hat sich vom 18. Jahrhundert an ein Bedeutungswandel vollzogen, der von einer strengen Bedürfnislosigkeit zu einem Zynismus führt, unter dem man eine Haltung versteht, die von einer rücksichtslosen Verachtung anerkannter Normen geprägt ist. Dabei werden verschiedene Formen des Zynismus unterschieden, so ein Kardinalzynismus, ein Militärzynismus, ein Staatszynismus, ein Medizinzynismus, ein Religionszynismus, ein Wissenszynismus, ein Sekundarzynismus, mit der für alle Zynismen gemeinsamen Bestimmung, „Zynismus garantiert die erweiterte Reproduktion des Vergangenen auf dem neuesten Niveau des jeweils Schlimmsten".[5]

Die zweite philosophische Richtung, die sich in Athen bemerkbar gemacht hat, ohne dass es zu einem förmlichen Schulverband gekommen wäre, ist durch die Skeptiker bezeichnet.[6] Als ihr Archeget gilt Pyrrhon aus Elis, der mit seiner Lebenszeit (ca. 350–ca. 270) stärker in die hellenistische Philosophie hineinragt, als es bei den ersten Kynikern der Fall ist.[7] Konnten diese an die Bedürfnislosigkeit des Sokrates anknüpfen, so mag für Pyrrhon Sokrates mit seiner Maxime: „Ich weiß, dass ich nichts weiß" den Ausgangspunkt gebildet haben. Wie Sokrates, dessen Mutter eine Hebamme war, lebte Pyrrhon mit einer Hebamme zusammen (es war seine Schwester), wie Sokrates hat er nichts Schriftliches hinterlassen. Entsprechend gibt es eine Fülle von Nachrichten und Anekdoten von unterschiedlicher Zuverlässigkeit,[8] wiederum am ausführlichsten bei Diogenes Laertius (IX 69–108). Ihr Zeugniswert ist dann relativ am größten, wenn sie auf Timon, den Schüler Pyrrhons, zurückgehen.

Grundzug der Lehre Pyrrhons ist die Überzeugung von der Unerkennbarkeit der Dinge, wie sie wirklich sind. Die Erkenntnismöglichkeit ist beschränkt auf die wechselnden Erscheinungen, wie sie sich unmittelbar darbieten.

Dass es Tag ist und dass wir leben, sowie viele andere Erscheinungen des täglichen Lebens erkennen wir als Tatsachen und Gegenstände des Wissens an. Was aber die angeblich so sicheren Sätze der Dogmatiker anlangt, die sie behaupten, mit dem Verstand erfasst zu haben, so halten wir darüber mit unserem Urteil zurück und beschränken uns mit unserer Erkenntnis auf das, was wir unmittelbar an uns erfahren. Denn dass wir sehen, räumen wir ein, und dass wir diesen bestimmten Gedanken in uns haben, wissen wir, aber wie wir sehen und wie wir denken, wissen wir nicht (Diogenes Laertius IX 103).

In diesen Sätzen tritt der skeptische Grundzug der Philosophie des Pyrrhon klar zutage. Die Konsequenz für eine derart skeptische Position ist die Zurückhaltung mit dem Urteil, die zugleich eine Lebensweise ermöglicht, die zur Unerschütterlichkeit führt, zu einem als „Eudämonie" verstandenen Lebensziel, das gleichzeitig auch Epikur und die Stoiker für sich in Anspruch nehmen. So ist die Pyrrhonische Skepsis durchaus als Konkurrenz und Alternative zu den ethischen Maximen der beiden Philosophenschulen zu sehen. Das wird handgreiflich auch daran deutlich, dass Nausiphanes, der zeitweilige Lehrer Epikurs (vgl. S. 15), Anhänger Pyrrhons gewesen war. Epikur habe Nausiphanes auch wiederholt nach Pyrrhon gefragt, dessen Lebensweise er bewundert habe (Diogenes Laertius IX 64). So hat denn Pyrrhon ein bescheidenes Leben geführt (worin alle Anekdoten über ihn übereinstimmen), ein Leben in der Zurückhaltung des Urteils, in bescheidener häuslicher Gemeinschaft mit seiner Schwester (der Hebamme) im Zeichen der Unerschütterlichkeit, aber ganz als Einzelner. Im Grunde war sein Ziel das gleiche wie das Epikurs und der Stoiker, einen Weg zu finden, der zur „Eudämonie" und zur Unerschütterlichkeit führt, und danach auch konsequent zu leben.

Sein Schüler Timon (ca. 320–ca. 230) hat dann in zahlreichen Schriften mit den Lehren seines Lehrers vertraut gemacht. Pyrrhon war sein Vorbild, und mit Recht spricht man von Pyrrhonischer Skepsis, wenn man diese frühe Stufe des Skeptizismus meint.

Timon war ein Mann des Theaters. In jungen Jahren stand er als Choreut singend und tanzend auf der Bühne. Er verfasste Tragödien, Komödien, Satyrspiele und Sillen (Spottgedichte), dann aber auch Prosaschriften und schließlich sein literarisches Hauptwerk *Indalmoi* (*Erscheinungen*), in dem Timon in elegischen Distichen alle Dogmatiker als Vertreter einer festen Lehre verspottet hat. Da er – im Unterschied zu den Kynikern – in eine Zeit hineinragt, in der Stoa und Epikur ihre Lehren ausgebildet und verbreitet hatten, war die Lehre Timons ausdrücklich von einer Auseinandersetzung vor allem mit der Stoa geprägt. In der Sache schloss er sich ganz Pyrrhon an, dessen Lehre er modifiziert, vor allem dahingehend, dass pyrrhonische Lehrsätze, sofern sie apodiktisch vorgetragen waren, relativiert wurden als gültig für eine jeweils gegenwärtige Situation. Das Prinzip der Enthaltung von apodiktisch vorgetragenen Urteilen ist nur fallweise an eine konkrete Situation gebunden. In diesen Zusammenhang gehören auch die zehn sogenannten Tropen, die im Kern wohl auf Pyrrhon zurückgehen und dann von späteren Skeptikern ausgestaltet wurden. Es handelt sich dabei um Argumentationsketten, die darauf hinauslaufen, dass bei jedem zu beurteilenden Thema oder Gegenstand nur eine Urteilsenthaltung möglich und sinnvoll sei. Wenn wir aus den wenigen enthaltenen Fragmenten und Testimonien die Konzeptionen der Skeptiker herauszudestillieren versuchen, so bleibt dabei unberücksichtigt, dass deren Anschauungen – jedenfalls bei Timon – eingebettet waren nicht nur in eine lebendige Auseinandersetzung vor allem mit den Stoikern, sondern auch auf der Grundlage eines überaus reichen literarischen Werkes in Prosa und Dichtung rezipiert wurden. Bei alledem kommt es auf die ethische Funktion an, die mit dem Anspruch verbunden ist, durch das Grundprinzip der Urteilsenthaltung den Weg zur Unerschütterlichkeit zu eröffnen.

Timon hatte keinen unmittelbaren Nachfolger oder Schüler. Ähnlich wie bei den Kynikern wurde auch der Skeptizismus als eigenständige philosophische Richtung von den beiden großen Philosophenschulen verdrängt, insbesondere von der Akademie, um erst bei den Römern wiederaufzuleben.[9]

# Akademie und Peripatos im Hellenismus

Mit der Schule Epikurs und der Stoa sind in Athen zwei neue Philosophenschulen mit einem enormen Innovationspotential entstanden, die ihren Schwerpunkt im Bereich der Ethik haben, mit dem Ziel, dem einzelnen Menschen Wege zu einem gelingenden, glücklichen Leben zu zeigen. Dabei ist durch beide Schulen die ganze Spannweite ethischer Positionen und menschlichen Verhaltens ausgeschöpft, von der anhaltenden Lebensfreude bis zu einem Leben der Verantwortung im gesellschaftlichen Kontext.

Die Frage ist, wie die beiden traditionellen Philosophenschulen – Akademie und Peripatos – auf eine solche Herausforderung reagierten.[1]

Die Akademie war nach dem Tode Platons durch dessen Nachfolger Speusipp, Xenokrates und Polemon in Systemdiskussionen engagiert, die nicht mehr im gleichen Maße von dem lebendigen Geist des Philosophierens getragen waren, wie ihn Platon in sokratischer Tradition weitergeführt hatte. Gleichwohl wurde die äußere Organisation der Schule weiterhin beibehalten. Anders als bei Platon und seinen unmittelbaren Nachfolgern wurden danach auch Männer, die nicht das attische Bürgerrecht besaßen, Scholarchen. Das trifft auch zu auf Arkesilaos (ca. 316–ca. 240) aus Pitani (nördlich von Izmir). Mit ihm kam frischer Wind in die Akademie.[2] Arkesilaos traf in Athen bereits auf eine lebhafte philosophische Diskussion, hatten doch Epikur und Stoa ihre Lehren schon aufgestellt und publiziert. Er schloss sich zunächst dem Peripatos unter Theophrast an, gelangte dann aber in die Akademie, deren Scholarch er im Jahre 268 wurde. Seine Vorgänger Polemon und Krates sah er als Überlebende einer alten, vergangenen Zeit an. Seinen Schülern hat er geraten, auch die anderen Philosophenschulen zu besuchen. Wahrscheinlich war er mit Zenon im persönlichen

Gespräch. Gleichwohl kritisierte er die stoische Lehre insbesondere darin, dass Erkenntnis zu sicherem Wissen führe.

Eine umfassende Kritik an der stoischen Lehre vom Erkenntnisvorgang hat Arkesilaos dazu geführt, Anregungen der Skeptiker aufzunehmen und in sein System zu integrieren. Der Ausgangspunkt war die Kritik an der Auffassung von der Richtigkeit einer „Vorstellung“ (κατάληψις), die letztlich zur Forderung nach einer konsequenten Enthaltung führt. Es ist gut möglich, dass der Terminus ἐποχή für eine solche Enthaltung überhaupt erst von Arkesilaos stammt. Jedenfalls war das Postulat der Enthaltung beim Vorgang der Erkenntnis so dominierend, dass man von einer skeptischen Akademie als Grundzug dieser Philosophenschule gesprochen hat. Cicero, der sich selber zur Akademie bekannt hat, rühmt Arkesilaos, dass er in seiner Urteilsenthaltung und damit im Bekenntnis des Nichtwissens noch über Sokrates hinausgegangen sei (*Academica* I 45). Arkesilaos hat keine eigene Lehre vertreten, sondern die Thesen anderer geprüft. Die Forderung der generellen Zurückhaltung bedeutet die Nichtzustimmung zu einer These. Arkesilaos hat das skeptische Prinzip der Urteilsenthaltung auf den Vorgang der Erkenntnisgewinnung bezogen, während er im Bereich der Ethik das „Wohlbegründete“ (εὔλογον) als Richtschnur des Handelns bezeichnet hat. Auf diese Weise konnte er dem Vorwurf entgehen, seine skeptische Haltung führe zur völligen Handlungsunfähigkeit. Die skeptische Grundhaltung der Philosophie des Arkesilaos hat elenktischen Charakter, indem sie den vorgefundenen und für Arkesilaos auch aktuellen Wissensansprüchen im Einzelnen entgegentritt. Sie nähert sich unter völlig gewandelten Rahmenbedingungen dem sokratischen Bekenntnis zum Wissen vom Nichtwissen.

Ob Arkesilaos damit zu einem zweiten Pyrrhon geworden ist, mag offenbleiben. Jedenfalls hat er mit seiner skeptischen Wendung in der aktuellen Auseinandersetzung vor allem mit den Stoikern den Fortbestand und das Ansehen der Akademie gesichert.

Das weitere Schicksal der Akademie ist nur umrisshaft erkennbar, bis mit Karneades (ca. 214–ca. 128) wieder ein bedeutender Philosoph an die Spitze der Akademie gelangt. Er stammt (wie auch andere Philosophen) aus Kyrene in Nordafrika und kam nach Athen, schloss sich der Akademie an, deren Scholarch er bald (das Datum ist nicht bekannt) wurde. Er hat nach sokratischem Vorbild nichts veröffentlicht. Aber während Sokrates der schriftlich fixierten Lehre generell misstraute, hat Karneades von vornherein darauf vertraut, dass sein Schüler (und dann auch Nachfolger) Kleitomachos, seine Lehren aufschreiben und verbreiten würde. Im Übrigen soll Karneades mit außerordentlichem Arbeitseifer und rhetorischem Geschick seine Lehre vertreten haben. Insgesamt hat er die skeptische Komponente, wie sie in die Akademie Eingang gefunden hat, weiterentwickelt und gegen den Einwand, man könne dann gar nichts mehr erkennen, eine in sich abgestufte Wahrscheinlichkeitslehre entwickelt. Legendär ist seine Beteiligung an der Reise der Philosophen als Ratgeber nach Rom im Jahre 155 v. Chr. (Näheres S. 76), wo Karneades die Akademie vertreten und im Sinne der akademischen Skepsis an einem Tag eine Rede für die Gerechtigkeit, am nächsten Tag aber gegen die Gerechtigkeit gehalten habe, in beiden Fällen mit großer Überzeugungskraft. Seine Kritik galt den Lehrmeinungen der Dogmatiker unter den Philosophen, ohne sich – im Sinne der Skepsis – über eine bloße Wahrscheinlichkeit hinaus festzulegen. Das ging so weit, dass sein Schüler Kleitomachos, der die Lehre des Karneades überhaupt erst schriftlich fixierte, gelegentlich gar nicht herausfinden konnte, was nun eigentlich die Meinung des Karneades sei (Cicero, *Lucullus* 139). Jedenfalls hat das Argumentationsprinzip Ciceros „in utramque partem disserere" (nach beiden Seiten hin die Erörterung führen) hier seinen Ursprung.

Auf Karneades dürfte es zurückgehen, was Cicero die „divisio Carneadea" genannt hat (*De finibus* V 16–23). Es handelt sich dabei um eine Methode, die die vom Skeptizismus getragene Auffassung von der Realität aller philosophischen Meinungen zur Grundlage hat. Diese „divisio" besteht darin, nicht nur alle bisher geäußerten, sondern überhaupt alle nur denkbaren Meinungen zu einem bestimmten Problem zu sammeln und damit indirekt zu widerlegen. Diese Methode hat Karneades vorzugsweise auf ethische Fragen angewandt. So habe er alle möglichen Kombinationen von Tugend, Lust, Schmerzlosigkeit und Verwirklichung des Naturgemäßen im Hinblick auf die „Eudämonie" gesammelt, um alle Lehren gegeneinander ausspielen zu können, mit dem Ergebnis, dass keine der möglichen Lehren Allgemeingültigkeit beanspruchen kann. Durch diese und ähnliche Argumentationen hat Karneades nicht nur eine eigene – skeptische – Position innerhalb der Akademie bezogen, sondern die anderen Schulen, vor allem der Stoa, dazu veranlasst, ihre eigenen Positionen, vertreten in Form von fertigen Lehren und formulierten Dogmen, zu überdenken.

Derjenige, der die Lehren des Karneades aufgezeichnet hat, war Kleitomachos. Aber nur von fünf seiner insgesamt 400 Schriften kann man sich durch wenige Fragmente eine gewisse Vorstellung machen. Kleitomachos (ca. 187–ca. 110) stammte aus Karthago, kam mit etwa 25 Jahren nach Athen, suchte dort – wie viele Philosophen vor ihm – eine geistige Heimat, die er dann in der Akademie unter Karneades fand. Von Athen aus erfuhr er von der Zerstörung seiner Heimatstadt Karthago und entsandte eine Trostschrift an die Bürger seiner Heimat. Aber irgendwie muss er mit Karneades in Schwierigkeiten geraten sein, denn er gründete ca. 140/139 eine eigene philosophische Schule in einem Gymnasium etwas außerhalb der Stadtmauer. Dann gab Karneades die Leitung der Akademie auf, wahrscheinlich auch aus gesundheitlichen Gründen, jedenfalls lange vor seinem Tod. Sein Nachfolger wurde der wenig bedeutende Krates. Als Karneades im Jahre 129 v. Chr. starb, löste Kleitomachos seine eigene Schule auf und kehrte mit zahlreichen Anhängern wieder in die Akademie zurück, deren Scholarch er nach dem Tod des Karneades (129/8) wurde und bis zu seinem Tode blieb.

Die Akademie erfuhr unter Kleitomachos (ca. 187–ca. 110) keine wesentliche Änderung. Der Titel einer Schrift *Über die Enthaltung* (sc. im Urteil) lässt ihn als Fortsetzer der skeptischen Position erkennen. Diese Richtung hat die Akademie auch weiter beibehalten bis zu Philon aus Larisa (in Thessalien), der – als Scholarch – im Jahre 88 v. Chr. unter dem Eindruck der Unbilden des Mithridatischen Krieges nach Rom floh, um dort als dann auch angesehener Philosoph und Redner zu wirken. Philon ist damit auch der Eroberung Athens durch Sulla entgangen, die mit der Zerstörung des Geländes und der Bauten der Akademie deren Ende besiegelte, zumindest an diesem historischen Ort. Philon kam nicht mehr nach Athen zurück. Im weiteren Verlauf der Akademie ist eine schrittweise und schließlich endgültige Aufgabe der skeptischen Positionen zu beobachten. Dies ist an der Person Philons erkennbar. Philon hatte sich zunächst an die von Kleitomachos vertretene skeptische Richtung angeschlossen, die er dann allmählich aufgab, zunächst mit der

Annahme der Möglichkeit von Erkenntnis generell, dann mit der Entwicklung einer Wahrscheinlichkeitslehre, um sich schließlich ganz den dogmatischen Strömungen vor allem der Stoa anzuschließen. Diese Tendenz wurde zunächst fortgesetzt von seinem Schüler Antiochos (ca. 130–ca. 68) aus Askalon (an der südöstlichen Mittelmeerküste), der sich dann aber ganz von Philon trennte, indem er sich von jeder Art nicht nur eines Skeptizismus, sondern auch Probabilismus lossagte. Die skeptische Phase der Akademie hat mit Antiochos ihr Ende gefunden. Antiochos gründete in einem Gymnasium (Ptolemeion) eine eigene Schule, die er „Alte Akademie" nannte, um damit eine Hinwendung zu Platon selber zum Ausdruck zu bringen. Diese Schule hatte auch nach der Eroberung Athens durch die Römer Bestand. Sie galt fortan als die Akademie. Cicero hat dort Antiochos im Jahre 79 v. Chr. gehört. Wie alle hellenistische Philosophie ist auch die Lehre des Antiochos auf das Glück des Menschen bezogen. Dabei unterschied Antiochos zwei Stufen des Glücks, einmal die Verwirklichung der eigentlichen Tugenden und dann darüber hinaus das Hinzukommen äußerer Werte wie Gesundheit, Schönheit, Freude, Reichtum. Cicero hat diese beiden Stufen „vita beata" und „vita beatissima" genannt. Jedenfalls war jede Form eines Skeptizismus verschwunden.

Auch der Peripatos, die Schule des Aristoteles, hatte im Hellenismus Bestand. Der unmittelbare Nachfolger des Aristoteles, Theophrast (ca. 371–287) leitete den Peripatos bis in die Zeit hinein, in der Stoa und Epikur ihre Schulen gegründet und ihre Systeme entwickelt hatten. An diesen Systemdiskussionen beteiligte sich Theophrast nicht. Er entwickelte überhaupt kein System und keine bindende Schuldoktrin. Sein bleibender Verdienst liegt darin, parallel zu den beiden zoologischen Schriften des Aristoteles *Erkundung der Lebewesen* (*Historia animalium*) und *Über die Teile der Lebewesen* (*De partibus animalium*) zwei umfassende (und auch enthaltene) botanische Werke verfasst zu haben, mit denen er bis in die Neuzeit als Vater der Botanik gilt. Die meisten seiner Schriften, vor allem aus dem Bereich der Meteorologie, sind nicht enthalten. Theophrast hatte auch ein ausgesprochenes philosophiegeschichtliches Interesse, das sich bemerkbar in dem umfangreichen, verlorenen, aber rekonstruierbaren Werke *Lehre der Naturforscher* manifestiert, das allein 16 Bücher umfasst (Diogenes Laertius V 42–50). Erhalten sind die

*Charaktere*, eine Sammlung von 30 durchweg negativen Charakteren, worin Theophrast die alltäglichen Schwächen der Menschen lebendig schildert. Insgesamt ist im Werk Theophrasts eine deutliche Zurückhaltung gegenüber dem ontologisch-metaphysischen Bereich erkennbar, sodass kein Bezug zu den in ihren Anfangsstadien schon vorliegenden Konzeptionen der anderen Philosophenschulen erkennbar ist, auch wenn man die gewaltige Leistung Theophrasts nicht unterschätzen sollte, der im Übrigen durch seine Vorträge im Peripatos einen außerordentlichen Lehrerfolg erzielt haben soll. Für die Neuzeit ist er lebendig als Begründer einer wissenschaftlichen Botanik und für die Charakterskizzen, die bis heute Erweiterungen und Fortsetzungen erfahren haben.[3]

Eine Zurückhaltung des ontologisch-metaphysischen Bereiches im Peripatos ist auch durch einen äußeren Vorgang begünstigt, der nicht frei von Zufälligkeiten ist. Theophrast hatte in seinem Testament (Diogenes Laertius V 51–56) die in seinem Besitz befindlichen, zugleich aber auch der Schule gehörenden Schriften des Aristoteles dem einzigen noch lebenden Aristotelesschüler, Neleus aus Skepsis (in der Troas), vermacht. Nachdem aber Neleus gegen die allgemeine Erwartung nicht zum Nachfolger Theophrasts gewählt worden war, verließ er Athen und nahm die Schriften des Aristoteles mit. Das bedeutet zunächst, dass eine Auseinandersetzung mit dem Werk des Aristoteles in Athen nur eingeschränkt möglich war, nämlich nur anhand der publizierten Dialoge, die aber als exoterische Schriften nur die Außenseiten der aristotelischen Philosophie erkennen lassen. Neleus zog sich in seine Heimat zurück, verlor dann auch das Interesse an der Philosophie und ließ die Schriften des Aristoteles im Keller vermodern. Sie wurden dann immer weiter seinen Privaterben vermacht, die sich um dieses wertvolle Erbe nicht weiter kümmerten, bis zu Anfang des 1. Jahrhunderts v. Chr. ein Bücherliebhaber namens Apellikon die inzwischen stark verwitterten Manuskripte aufgespürt, gekauft und nach Athen gebracht hat. Dort sind sie von dem römischen Feldherrn Sulla bei dessen Eroberung Athens im Jahre 86 v. Chr. gefunden und als eine Art Beute nach Rom gebracht worden. Sulla vermachte die gesamte Bibliothek seinem Sohn Faustus. Der beauftragte den griechischen Gelehrten Tyrannion, der als Kriegsgefangener nach Rom gelangte, mit der Sichtung und Ordnung der Bibliothek. Dann hat der aus Rhodos stammende Andronikos aus dem inzwischen geordneten Material um 40 v. Chr. eine Ausgabe der Werke des Aristoteles hergestellt. Diese Ausgabe bildet die Grundlage der gesamten Aristotelesüberlieferung. Das bedeutet, dass der Peripatos im Hellenismus vor der Mitte des 1. Jahrhunderts v. Chr. nicht im vollen Sinn in der Tradition des Aristoteles stand. Bei Theophrast ist das noch am ehesten der Fall, aber dass sein Nachfolger, Straton aus Lampsakos (ca. 335–ca. 270) den Beinamen „der Physiker" (φυσικός) erhielt, ist bezeichnend. Sein Interesse bezog sich zwar auf alle Teile der Philosophie, auf Logik, Ethik und Physik, aber durchgehend ohne die metaphysische Komponente.

Bezeichnend schon für Theophrast und dann für seine Schüler oder Weggefährten ist die historisch-doxographische Darstellung einzelner Gebiete der Philosophie und Wissenschaft. Theophrast selber hat mit seinem Werk *Lehren der Naturphilosophen* (φυσικῶν δόξαι) eine Geschichte der Philosophie verfasst, Eudemos aus Rhodos hat eine Geschichte der Theologie vorgelegt, Aristoxenos aus Tarent hat in mehreren Schriften zu Musik und Metrik Grundlegendes geleistet, und Menon, noch unmittelbarer Aristotelesschüler, hat eine medizinische Doxographie erarbeitet, von der ein umfangreicher, 1893 publizierter Papyrusfund erhalten ist, Dikaiarch aus Messene hat geographische Studien geschrieben. Diese Aufarbeitungen des Wissens lagen schon vor, als die hellenistische Philosophie mit Stoa und Epikur einsetze. Sie prägten das Bild, das man sich vom Peripatos machte, auch weiterhin.

Mit der Pflege der Fach- und Kulturwissenschaften hat der nacharistotelische Peripatos Bedeutendes geleistet und in eine über den Bereich der Philosophie hinausgehende Öffentlichkeit gewirkt. Doch mit der Entfernung von den ontologischen Kernfragen der Philosophie war der Peripatos nicht mehr Partner in der Auseinandersetzung von Akademie, Stoa und der Schule Epikurs. Alle vier Philosophenschulen waren nach dem Prinzip der Sukzession (διαδοχή) der Scholarchen konstruiert. Ihre Bindung an Athen lockerte sich jedoch in dem Maße, in dem Rom als Weltmacht Bedeutung erlangte. Schon Panaitios, Poseidonios und Philon haben mehrere Jahre in Rom gewirkt. Die zentrifugale Kraft Athen ließ nach, vollends nach der Zerstörung durch Sulla im Jahre 86 v. Chr.

# Die Rezeption der hellenistischen Philosophie in Rom

*Allgemeines*

Die Rezeption der hellenistischen Philosophie in Rom ist kein isolierbares Phänomen, sondern Teil einer umfassenden Aufnahme und Aneignung der griechischen Literatur und Kunst insgesamt. Dieser Prozess vollzieht sich in einem langen Zeitraum, analog zum Aufstieg Roms als Weltmacht. Er beginnt mit dem Beginn der lateinischen Literatur überhaupt, mit der Übersetzung der homerischen *Odyssee* ins Lateinische durch Livius Andronicus (240 v. Chr.), der als aus Tarent stammender Grieche durch den tarentinischen Krieg (272 v. Chr.) nach Rom kam, zunächst als Gefangener und dann als Hauslehrer. Offenbar war die griechische Sprache schon damals Gegenstand des - durchgehend privat praktizierten - Schulunterrichtes. Aber auch die 240 v. Chr. in öffentlichen Aufführungen einsetzenden Komödien und Tragödien sind in erheblichem Maße und unterschiedlicher Intensität an griechischen Vorbildern orientiert.[1] Das Bild, das man sich vom griechischen Leben und Denken machte, war ganz unterschiedlich. In der Komödie *Mostellaria* (*Gespensterkomödie*) des Plautus (ca. 200 v. Chr.) wird griechisches Leben in Rom „pergraecari" („durchgriechen", Vers 64) genannt und darunter ein Leben in Saus und Braus mit ständigen Trinkgelagen verstanden.[2] Griechische Literatur und griechisches Leben fungieren in gattungsbedingten Aspekten in der frühen römischen Tragödie in unterschiedlichen Ausprägungen als Quelle und als Anspielungshorizont.

Ein erstes Zeugnis für die Rezeption der hellenistischen Philosophie in Rom beruht jedoch auf realen Gegebenheiten, die mit dem Streit um die Stadt Oropos (an der Nordküste Attikas) zusammenhängen. Diese Stadt hat in kriegerischen Auseinandersetzungen mehrfach den Besitzer gewechselt und stand schließlich unter römischer Herrschaft.[3] Sie wurde im Jahre 156 v. Chr. von Athen überfallen mit dem Ziel, die Stadt sich untertan und tributpflichtig zu machen. Denn Athen war nach der Unterdrückung durch die Makedonier arm geworden. Die Oroper wandten sich nun nach Rom und baten um Hilfe. Rom hat daraufhin den Athenern eine Strafe auferlegt in Höhe von 500 Talenten (Kosten für ca. 500 Ruderschiffe mit Besatzung), eine enorme Summe, die die Athener kaum aufbringen konnten. Sie wussten sich nicht anders zu helfen, als eine Delegation von drei Philosophen nach Rom zu schicken, denen man offenbar zutraute, durch ihre Redegabe eine politische Wirkung zu erzielen. Man schickte die prominentesten Philosophen der Zeit, den Scholarchen der Akademie Karneades, den Stoiker Diogenes und den Peripatetiker Kritolaos, aber keinen Epikureer, der sich ohnehin von politischen Geschäften fernhalten würde. Die drei Philosophen hatten ihre rhetorischen Fähigkeiten so wirkungsvoll eingesetzt, dass sie eine erhebliche Reduzierung der ursprünglich von Rom geforderten Summe erreichen konnten.

Sie hielten dann aber auch öffentliche Vorträge in Rom, die einen großen Eindruck machten. Namentlich Karneades verblüffte und verwirrte sein römisches Publikum dadurch, dass er in einem ersten Vortrag mit rhetorischem Geschick für die Gerechtigkeit als einer vom Nutzen unabhängigen Tugend sprach, um am nächsten Tag gegen einen derartigen Begriff von Gerechtigkeit zu plädieren. Man bewunderte die Kraft dieser Rhetorik, die den altrömischen Tugendbegriff so sehr ins Wanken brachte, dass der alte Cato auf eine baldige Abreise der Philosophengesandtschaft drängte (Plutarch, *Cato* 22). Derartige Maßnahmen konnten aber die im Gange befindliche Rezeption der griechischen Philosophie in Rom nicht aufhalten. Festzuhalten bleibt, dass Athen mit der Delegation auf die Kraft der Philosophie vertraute, dass dies auch tatsächlich eintrat und dass darüber hinaus die griechische und dabei vor allem hellenistische Philosophie in Rom dauerhaft heimisch wurde.

Ein weiterer Schritt in dieser Richtung ist zweifellos durch die schwer zu fassende, auch widersprüchliche Gestalt des Scipio Aemilianus Africanus Numantius gegeben.[4] Das Neue daran ist, dass mit Scipio ein anerkannter, wenn auch nicht unumstrittener römischer Politiker und Feldherr, der in den Jahren 147 und 134 v. Chr.

Konsul war, sich der griechischen Bildung, Literatur und dabei auch Philosophie öffnete. Die Nähe zur griechischen Literatur war schon durch seinen Hauslehrer Polybios gegeben. Für die hellenistische Philosophie war es vor allem der Kontakt mit Panaitios, der seinerseits wiederholt in Rom lebte und den Scipio als Freund gewann. Dabei ist es ein seltsames Paradox, dass Scipio auf seinen Feldzügen, zu denen er gelegentlich Panaitios sogar mitnahm, mit äußerster Härte vorging, zugleich aber für eine ethisch orientierte Philosophie empfänglich war, deren „Einbürgerung" als sein Verdienst angesehen wurde.[5]

Dass die griechische und dabei vor allem hellenistische Philosophie nach Rom gelangte, hängt nicht zuletzt damit zusammen, dass mehrere Scholarchen oder Angehörige der hellenistischen Philosophenschulen sich wiederholt in Rom aufgehalten haben, begünstigt auch durch den Umstand, dass sie alle ihrerseits von Hause aus keine athenischen Bürger waren. Mit diesem anhaltenden Prozess verlor Athen seine Strahlkraft als geistige Metropole. Man musste nicht mehr in Athen sein, um sich in philosophischen Fragen bemerkbar zu machen. So ist es auch kein Zufall, dass unsere Überlieferung über die Sukzession der Scholarchen für die Philosophenschulen am Ende des 1. Jahrhunderts v. Chr. abbricht. Zwar existierten die Philosophenschulen weiterhin, aber kaum noch in der festen Form, in der sie gegründet waren. Entsprechend wird das je eigene Profil der Philosophenschulen infolge einer gegenseitigen Annäherung durch einen Eklektizismus unschärfer. Dieser Prozess vollzog sich schrittweise in der zweiten Hälfte des 1. Jahrhunderts v. Chr.

Es kommt hinzu, dass sich mit Pergamon und Alexandria neben Athen geistige Zentren entwickelt hatten. Vor allem die im 3. Jahrhundert v. Chr. gegründete alexandrinische Bibliothek zog namhafte Gelehrte an sich, bis sie aus noch ungeklärter Ursache im 1. Jahrhundert v. Chr. verbrannte und die Stadt von Caesar erobert wurde.

Die Aneignung der hellenistischen Philosophie und der griechischen Literatur durch die Römer war im Grunde eine mit der politisch-historischen Eroberung durch den römischen Feldherren Sulla und seine Truppe im Jahre 86 v. Chr. parallel sich vollziehende geistige Eroberung Athens. Sulla war kein Scipio und wohl auch nicht beeinflusst durch griechische Philosophie. Die Situation in Athen war desolat. Eine erhebliche Teuerung hatte eine starke Armut zur Folge, sodass die Athener weichgekochte Schuhsohlen und das um die Akropolis herum wachsende Unkraut aßen. Eine Notlage war entstanden im Zusammenhang mit dem sogenannten Ersten Makedonischen Krieg, in dem Mithridates VI. scharf gegen römischen Herrschaftsgebiete (vor allem in Ephesus) vorging, als Begründer eines pontischen Großreiches auftrat und sich Athen ihm anschloss.[6] Da sich bei der Eroberung der Stadt anfangs noch ein gewisser Widerstand bemerkbar machte, ging Sulla mit äußerster Härte vor. Die Platanen auf dem Gelände der Akademie ließ er fällen und verwendete deren Holz für seine Belagerungsmaschinen. Er raubte Tempelschätze und gab die Stadt für seine Soldaten zur Plünderung frei. So zogen Römer mit ihren Schwertern mordend durch die Gassen der Stadt, wobei nicht wenige Athener durch Selbstmord dem Massaker der Römer zuvorzukommen suchten.

Spätestens jetzt war Athen kein geistiges Zentrum mehr, sondern wurde ein Ort der Erinnerung.[7] Diese Erinnerung aber war stark. Als der 26-jährige Cicero wenige Jahre nach der Eroberung Athens durch die Römer die Stadt im Jahre 79 v. Chr. besuchte und in ihr immerhin sechs Monate blieb, formulierte er rückblickend: „tanta vis admonitionis inest in locis" („Eine solche Kraft der Erinnerung liegt in den Orten selber").[8] Immerhin gab es, als Cicero in Athen war, in gewissem Umfang noch lebendige philosophische Impulse. Denn Cicero hat in Athen Vorlesungen des Antiochos von Askalon gehört, der als Angehöriger (nicht Scholarch) der Akademie lehrte, bevor er seine eigene Schule gründete, mit der Abkehr von jeder Form eines Skeptizismus zur „Alten Akademie" zurückkehrte und insgesamt die Differenzen zwischen den Philosophenschulen als gering ansah. Nach Antiochos gab es die platonische Akademie in Athen nicht mehr, jedenfalls nicht in der geschlossenen Form von Scholarchen und Mitgliedern.

# Lukrez

Das erste große Beispiel der Aneignung hellenistischer Philosophie in Rom ist das umfangreiche Lehrgedicht *De rerum natura* des Lukrez, das etwa 60 v. Chr. entstanden ist.[1] Über das Leben des Lukrez weiß man wenig. In seinem Gedicht ist ein starkes Selbstbewusstsein erkennbar. Lukrez argumentiert auf Augenhöhe mit dem Adressaten seines Lehrgedichtes, C. Memmius, Schwiegersohn von Sulla, der aktiv in der römischen Politik stand, den auch Cicero erwähnt hat (*Brutus* 70). Immer wieder wird er in dem Gedicht angeredet und ermahnt. Er steht stellvertretend für die römische Gesellschaft insgesamt, der Lukrez im Namen Epikurs kritisch gegenübersteht. So wendet sich Lukrez ausdrücklich gegen die althergebrachten Römerwerte wie Tapferkeit, Ruhm und Götterverehrung. Memmius solle sich von allen politischen Sorgen lösen (I 50).

Der Erlöser von den politischen Sorgen ist Epikur, dem Lukrez folgt („te sequor", III 3), der immer wieder als „Entdecker der Wahrheit" und „Richtschnur für das Handeln" gepriesen wird (III 9–14).

Das Lehrgedicht des Lukrez trägt den Titel: *De rerum natura* und bezieht sich vordergründig auf nur einen Teilbereich der epikureischen Philosophie, auf die Lehre von der Natur. Entsprechend ist auch das Gedicht des Lukrez gegliedert. Buch I–II: Atome. Ihr Wesen und ihre Eigenart, III: Wesen und Vergänglichkeit der Seele, IV: Lehre von der Wahrnehmung, V: Das menschliche Leben, VI: Von Naturereignissen in der Welt. Aber Lukrez hat sich nicht auf einen Teilbereich der Philosophie beschränkt, sondern hat in die Naturphilosophie Epikurs, die er als ganzes System übernimmt, eine eigene Ethik mit Mahnungen und Warnungen eingeflochten, auf die es eigentlich ankommt. Zwar erwähnt er Philosophen, von denen er sich absetzt (Heraklit, Empedokles, Anaxagoras, Demokrit), und er kennt auch das als „clinamen" bezeichnete Abweichen der Atome von der geraden Bahn (II 220), worin er – wie Epikur – die Möglichkeit des freien Willens angelegt sieht. Dabei lässt sich nicht mit letzter Sicherheit klären, welche Quellen Lukrez benutzt hat, ob er noch wenigstens einige Schriften Epikurs gekannt oder in stärkerem Maße Handbücher benutzt hat. Aber die ganze Quellenfrage ist bei Lukrez von sekundärer Bedeutung.[2] Es ist nicht so, dass Lukrez griechische Quellen ausschlachtet. Sie sind ihm Eckpfeiler für die eine Ethik, die mit eigenen Wertungen und Ermahnungen verbunden ist. So heißt es ausdrücklich: „Hüte dich, die Lehre Demokrits zu übernehmen" (III 370). In dem Lehrgedicht des Lukrez steht die ethische Komponente so stark im Vordergrund, dass Epikurs Lehren von der Natur wie ein Rahmen für die eigenen ethischen Aussagen wirken. In den Proömien der einzelnen Bücher wird immer wieder Epikur gepriesen, gerade auch für das römische Lesepublikum, und zwar durchaus in kritischer Absicht gegenüber den römischen Wertvorstellungen. Dabei weicht Lukrez nirgends von der Lehre Epikurs ab, versieht sie aber mit römischem Kolorit. Schon die Anrufung von Venus im Proömium des ersten Buches als Spenderin des Lebens, der Freude und der Liebe, verbunden mit der Bitte: „Lass einschlafen das wilde Wüten des Krieges, ... denn du allein vermagst in ruhigem Frieden die Sterblichen zu erfreuen" (I 30), ist kritisch in die römische Wirklichkeit hineingesprochen. Das gleiche gilt für die Charakterisierung der Unruhe des Menschen (III 1055–1070). Der Mensch, so heißt es, eilt von der Stadt auf seinen Landsitz, hetzt die Pferde, als stünde sein Haus auf dem Lande in Flammen. Ist er aber dort angekommen, muss er gähnen und schlafen. Sehr bald sehnt er sich wieder nach der Stadt und möchte gleich wieder zurück. Das ist römische Wirklichkeit. Dass der Mensch vor sich selber flieht, wird auf der Grundlage der Philosophie Epikurs mit römischem Kolorit exemplifiziert. Nicht immer lässt sich eindeutig ausmachen, ob Lukrez ein bestimmtes Exemplum von Epikur übernommen oder selber gestaltet hat. Generell ist es wohl so, dass die Handschrift des Lukrez immer dann spürbar ist, wenn ein Exemplum emotional besonders aufgeladen ist. Ein Beispiel dafür ist die überaus eindringliche Schilderung der Kraft des Weines, der den Menschen durchströmt, Glut in die Adern fließen lässt, den Körper völlig in Verwirrungen bringt und so wie eine Krankheit in ihrer Schwere die Seele aus dem Körper verdrängt – für Lukrez (im Sinne Epikurs) ein Bild für die Sterblichkeit der Seele.

Mit einem erheblichen Maß an Selbstbewusstsein erläutert Lukrez die von ihm beabsichtigte Wirkung seiner Verse. Sein Gegenstand sei zwar dunkel, aber seine Verse hell. Ärzte würden, wenn sie Kindern eine bitter schmeckende Arznei verabreichen müssen, an den Rand des Bechers süßen Honig streichen und erreichen damit, dass die Kinder, wenn sie den Rand des Bechers berühren, auch die bittere Arznei trinken, um dann wieder Gesundheit und damit neue Kraft zu gewinnen (I 935–950). So sieht Lukrez sein Lehrgedicht. Dabei verwendet Lukrez immer wieder ganze Ketten von Argumenten, die für ihn wichtiger sind als ein einzelner Beweis. Das hängt mit der therapeutischen Funktion zusammen, die Lukrez seinem Lehrgedicht zuschreibt. Wie der Arzt nicht nur einmal, sondern immer wieder eine Medizin verabreicht, will Lukrez durch eine Fülle von Argumenten überzeugen und damit eine therapeutische Funktion erfüllen.[3] So sieht Lukrez seine Dichtung. Die Lehre Epikurs müsse im Ganzen entfaltet werden, um die Natur der Dinge zu erfassen. Lukrez sieht seine Aufgabe darin, sie „versüßt mit dem Honig der Musen" zu vermitteln. Er nimmt dabei für sich in Anspruch, mit seiner Dichtung ganz neue Wege zu beschreiten.

Dort, wo sie noch Niemandes Fuß berührte, unwegsame Gefilde der Pieriden durchwandere ich. Freudig suche ich die Quellen, aus denen noch keiner gekostet hat, trinke mich satt. Freudig pflücke ich unbekannte Blumen, sammle den Ruhmeskranz für mein Haupt an Orten, an denen noch niemals zuvor die Musen die Stirn eines Mannes krönten (IV 1–9).

Das Lehrgedicht des Lukrez ist also das erste Zeugnis für die „Einbürgerung" der hellenistischen Philosophie mit dem Schwerpunkt auf Epikur. Aber es ist keine rein theoretische Angelegenheit, denn Lukrez wollte nicht nur seinen Adressaten Memmius belehren, sondern sich ganz generell an das römische Lesepublikum seines Werkes wenden, der mitdenken sollte. Die Absicht war dabei eine kritische, das Aufzeigen einer Alternative zu den herkömmlichen römischen Werten, die allein die Menschen in der Befreiung von Aberglauben, Götterfurcht und politischer Betriebsamkeit zum Glück führt, im Sinne Epikurs. Es geht ihm also nicht allein darum, seinen Adressaten Memmius einem epikureischen Zirkel zuzuführen, sondern um ein Einwirken auf die römische Gesellschaft insgesamt. Inwieweit es in Rom epikureische Sekten, Zirkel oder lockere

Gruppierungen gab, lässt sich konkret nicht nachweisen. Dass es derartige Gruppierungen gab, ist evident. Ganz seltsam ist der Schluss des Gedichtes. Lukrez führt zunächst aus, dass Seuchen eintreten können, denen gegenüber der Mensch machtlos ist und von denen Mensch und Vieh betroffen sein können. Dann aber geht die Darstellung über in eine konkrete Schilderung der Pest in Athen im Jahre 430 v. Chr., also zu Beginn des Peloponnesischen Krieges (ab Vers VI 1140). Die Schilderung ist nicht in allen Einzelheiten, wohl aber im Gesamtduktus vergleichbar mit der berühmten und wohl auch in Rom bekannten Pestschilderung bei Thukydides (II 49–53). Lukrez beschreibt die Pest noch drastischer als Thukydides. Fieber breitet sich aus, das Herz wird krank, der Atem geht schwer, eiternde Wunden treten auf. Im Magen bilden sich kleine Flammen. Die Ärzte sind ratlos. Die Straßen der Stadt sind erfüllt von quälenden Schreien, Hände und Glieder zucken, alle Körperkräfte schwinden. Dann werden die Straßen leer von Menschen, zahlreiche Leichen liegen unbegraben, zum Teil übereinander. Selbst die Tempel sind voller Leichen. Überall Weinen, Wehklagen und lautes Geheul. Damit endet das lukrezische Lehrgedicht. Kein allgemein gehaltenes Schlusswort. Der Bezug auf Athen ist eindeutig. Lukrez bezeichnet Athen als eine Stadt mit bedeutendem Namen (VI 1) und preist Epikur als Sohn dieser Stadt. Das zeitgenössische Lesepublikum dieses Lehrgedichts musste spüren, dass der Glanz Athens Vergangenheit war.

Es ist mehrfach bezweifelt worden, ob die Pestschilderung wirklich der Schluss des ganzen Lehrgedichtes gewesen ist. Aber die Schilderung dieser Pest in Athen ist für die zeitgenössische Leserschaft des ganzen Gedichtes von viel größerer Wirkung als eine hinzugefügte Gnome am Schluss, die Lukrez ganz bewusst denen überlässt, die sein Gedicht aufmerksam lesen. Denn immer wieder ist in dem ganzen Gedicht spürbar, dass der Leser (die Leserin) mitdenken und selbst die Folgerungen aus den Worten des Dichters ziehen soll.

Die Sprache der Philosophie war bisher Griechisch. Mit dem Lehrgedicht des Lukrez liegt zum ersten Mal ein ganzes System griechischer Philosophie in lateinischer Sprache vor, und zwar mit dem Ziel einer praktischen Lebenshilfe, wie sie für die römische Philosophie im Ganzen charakteristisch ist.

# Cicero

Die über eine bloße Rezeption hinausgehende Einbürgerung der griechischen und dabei vor allem der hellenistischen Philosophie ist die Leistung Ciceros (106–43).[1] Dabei fällt zunächst auf, dass seine philosophischen Schriften erst im letzten Jahrzehnt seines Lebens (55–44) in dichter Folge entstanden sind.[2] Mag die Beschäftigung mit der Philosophie für Cicero ein Trostmittel angesichts einer nicht mehr möglichen politischen Betätigung gewesen sein, so ist dies aber doch keine abrupte Zäsur, sondern in der Kontinuität von Ciceros Denken und Schaffen insgesamt begründet.[3] Darüber hat Cicero selber ausführlich Rechenschaft abgelegt:

> Ich sehe, dass meine Bücher, die ich zum größten Teil in kurzer Zeit herausgegeben hatte, zahlreiche und verschiedenartige Reaktionen hervorgerufen haben. Die einen wundern sich, woher bei mir plötzlich dieses Interesse an der Philosophie entstanden sei, die anderen möchten erfahren, was ich bei jedem Thema an sicherem Wissen zu bieten habe [...]. Ich habe jedoch weder plötzlich angefangen zu philosophieren, noch habe ich von früher Jugend an für dieses Studium nur mäßige Mühe und Sorgfalt aufgewendet [...]. Das zeigen auch meine Reden, die mit Gedanken der Philosophen angefüllt sind (*De natura deorum* I 6).

Diese autobiographischen Bekenntnisse lassen sich am Leben und Werk Ciceros vielfach verifizieren. Cicero hat mir 27 Jahren eine zweijährige Reise nach Griechenland und Kleinasien angetreten und blieb ein halbes Jahr in Athen. Dort hörte er Antiochos von Askalon, der Cicero als Anhänger der Akademie dauerhaft gewann. Dabei wich die philosophische Position Ciceros von der des Antiochos insofern ab, als Cicero sich wieder der (von Antiochos überwundenen) skeptischen Position des Karneades annäherte, allerdings in der gemäßigten Form eines Probabilismus, der bei Cicero immer wieder das Verfahren des „disserere in utramque partem" gestattet. Die Öffnung zu einer derartigen Aporetik ermöglichte es Cicero, die verschiedenen philosophischen Positionen gleichgewichtig darzustellen und auf diese Weise die griechische und dabei vor allem die hellenistische Philosophie römischem Denken und Darstellen zu vermitteln. Es ist zudem das Verfahren, das in den Reden und dabei vor allem in den Gerichtsreden mit Anklage und Verteidigung Anwendung findet. Insofern stehen die philosophischen Schriften Ciceros nicht isoliert, sondern sind eine organische Folge der aktiven Tätigkeit Ciceros als Anwalt und als Politiker mit der typisch römischen Ämterlaufbahn, die in dem Konsulat im Jahre 63 v. Chr. ihren Höhepunkt erreicht hatte, bis die Alleinherrschaft Caesars für Cicero eine weitere politische Betätigung unmöglich machte.

Zunächst ist es nur natürlich, dass die ersten der Philosophie zuzurechnenden Schriften Ciceros thematisch an seine aktive politische Rolle als Redner und Politiker anknüpfen. Es sind dies die Schriften *Orator* und *De oratore*, vor allem aber das nur lückenhaft überlieferte Werk *De re publica*. Diese Schriften und ferner *De legibus* sind aber keine Auseinandersetzungen mit der hellenistischen Philosophie (und werden daher hier nicht im Einzelnen analysiert). So knüpfte Cicero in *De re publica* mit den Fragen nach dem besten Staat, dessen sittlicher Grundlage, dem besten Staatsmann und dem Vergleich der verschiedenen Staatsformen an Platons *Staat* an, gelegentlich auch an die *Politik* des Aristoteles. Die Szenerie ist weit in die Vergangenheit gelegt, nämlich in das Jahr 129 v. Chr., kurz vor den Tode Scipios, den in der szenischen Fiktion Ciceros acht Römer besuchen und der am Schluss in dem berühmt gewordenen Traum Scipios Traumerscheinungen wiedergibt, die ihrerseits zwanzig Jahre zurückliegen, mit dem Kerngedanken von der Unsterblichkeit der Seele und der ewigen Seligkeit des verdienten Staatsmannes. Gesprächspartner, wie sie in diesem Werk präsentiert werden, gehören zu dem viel und kontrovers diskutierten Scipionenkreis, in dem Cicero die Nahtstelle des Übernehmens und der „Einbürgerung" der griechischen Philosophie durch die Römer sieht.[4]

Die Szenerie ist sehr subtil. Scipio, der Hauptunterredner der ganzen Schrift, berichtet, wie er nach Afrika kam und dort den König Masinissa besuchte, von dem er gastlich empfangen und bewirtet wurde, bis in die Nacht. Schließlich versank Scipio in einen tiefen

Schlaf und hatte einen Traum, von dem er dann auch berichtet. Im Traum erschien ihm sein Adoptivvater Scipio Africanus maior, der unseren Scipio ermahnt, den Geist nicht am Boden haften zu lassen. Dann wird eine ganze Kosmologie entwickelt. Es ist vom Himmel, von Fixsternen und von der Sonne die Rede, von Sphärenmusik, von der mit Gürteln umschnürten Erde, von Sintfluten und Weltenbränden, wobei Cicero hier auf dem Boden der stoischen Lehre steht. Seelen, die sich den Lüsten des Körpers hingeben („corporis voluptatibus"), müssen – so heißt es in nur angedeuteter Kritik gegen Epikur –, wenn sie den Körper verlassen, um die Erde kreisen und kehren erst nach Jahrhunderten zurück. Doch wer sich um das Wohl des Vaterlandes müht, dessen Seele wird bald in ihre eigentliche Heimat zurückkehren. Dieser von Cicero fingierte Traum ist im Hinblick auf ein Jenseits als Heimat der Seele unter Aufnahme stoischen Gedankengutes letztlich von platonischem Geist erfüllt und setzt dabei den platonischen Schlussmythos aus der *Politeia* (*Staat*) mit der Erzählung des Pamphyliers „Er" in mythischer Ferne voraus, der Cicero nun eine Vision gegenüberstellt, die in viel stärkerem Maße wirklichkeitsnah ist.

Cicero nennt in *De natura deorum* vier griechische Philosophen, von denen er geprägt sei („a quibus instituti sumus"): Diodotus, Philon, Antiochos, Poseidonios. Antiochos hatte er in Athen und Philon in Rom kennengelernt. Und Diodotos, wie Poseidonios ein Stoiker, war Ciceros erster Lehrer in Philosophie und Rhetorik. Es waren also nur Akademiker und Stoiker, keine Peripatetiker und keine Epikureer. Der Peripatos war zur Zeit Ciceros philosophisch bedeutungslos,[5] und mit der epikureischen Lehre hat Cicero sich lebhaft kritisch auseinandergesetzt, ohne von ihr in seinem eigenen Denken beeinflusst zu sein.

Die griechische Philosophie, die auf diese Weise Cicero vermittelt wurde, ist die hellenistische Philosophie. Aber Cicero geht zumindest in der Wertung darüber hinaus durch den Rekurs auf Platon und Aristoteles. So lässt Cicero in den *Tusculanen* den „Schüler" („auditor") sagen: „Ich will mich lieber mit Platon im Irrtum befinden, als mit anderen Philosophen die Wahrheit erkennen" (I 39). Und über Aristoteles heißt es in der gleichen Schrift, dass er alle anderen Philosophen an Geist und Gründlichkeit überrage, mit Ausnahme Platons (I 21).

Was Platon angeht, der unbestritten als der „vir doctissimus philosophorum omnium" (*De legibus* II 14) gilt, so ist unverkennbar, dass die Abfolge der Schriften mit dem Titel *Über den Staat* (*De re publica*) und *Über die Gesetze* (*De legibus*) in der Abfolge Platons konzipiert ist, auch wenn das Verhältnis der beiden Schriften zueinander dem Inhalt nach ein anderes ist als bei Platon. Und dass die philosophischen Schriften Ciceros durchweg dialogisch gestaltet sind, geht letztlich auf Platon zurück, wenn auch nicht auf die Elenktik der frühen und mittleren Dialoge, sondern in zusammenhängender Rede und Gegenrede, wie sie sich in den späten Dialogen Platons anbahnt. Schließlich geht auf Platon die Konzeption der Dialoge als fiktive Gespräche mit einer in die (meist nähere) Vergangenheit gelegten Zeit und Situation zurück. Zudem ist Cicero wohl bewusst, dass die von ihm befolgte gemäßigte Aporetik letztlich ihre Wurzeln in dem sokratischen Wissen vom Nichtwissen hat, auch wenn der typisch sokratische Dialog im Sinne der Elenxis (Entlarvung des Scheinwissens) Cicero fern lag.

Im Wesentlichen ist es aber die hellenistische Philosophie, die Cicero als die zu seiner Zeit aktuelle Philosophie im Gewand der lateinischen Sprache vermitteln, aber nicht verdrängen wollte, mit dem Ergebnis einer bis in alle Einzelheiten differenzierten Begriffsapparatur, die für die folgenden Jahrhunderte bis zum Beginn der Neuzeit grundlegend war. Cicero ist sich seiner epochalen Leistung wohl bewusst, wenn er lapidar formuliert: „Die Philosophie lag bis auf unsere Zeit danieder und hatte keine glanzvolle Darstellung in der lateinischen Sprache" (*Tusculanen* I 5). Dabei kommt es Cicero nicht nur auf die Vermittlung philosophischer Lehren an, sondern auf deren angemessene Darstellung: „Es ist ja möglich, dass jemand ein richtiges Gespür hat und doch, was er spürt, nicht geschmackvoll auszudrücken versteht" (*Tusculanen* I 6). Wer das tut, würde die Schrift missbrauchen.

Cicero wollte mit seinen philosophischen Schriften, wie er mehrfach hervorgehoben hat, seinen Landsleuten „nützen". So heißt es zu Beginn des zweiten Buches der Schrift *Über die Wahrsagung* (II 1): „Als ich lange der Frage nachging, wie ich möglichst vielen Menschen nützen könnte, da kam mir nichts Bedeutenderes in den Sinn, als meinen Mitbürgern die Denkweisen der vorzüglichsten Wissenschaften zugänglich zu machen." Als Cicero dies im Jahre

45 v. Chr. schrieb, hatte er einige seiner philosophischen Schriften schon verfasst, andere – vor allem aber das Spätwerk *De officiis* (*Über die Pflichten*) – noch nicht. Er wolle aber, so schreibt er im Jahre 45 v. Chr., voller Eifer weitermachen, damit es keinen Bereich der Philosophie gebe, der nicht in lateinischer Sprache erhellt und zugänglich sei. Das ist der Rahmen, in dem Cicero die hellenistische Philosophie (um die allein es hier gehen kann) darlegt und kritisiert.

Die Auseinandersetzung mit der hellenistischen Philosophie erfolgt weitgehend anhand der Paradigmen der einzelnen Schulen. Was die Akademie betrifft, so steht ganz im Vordergrund die Frage einer eingeschränkten skeptischen oder weitergehenden dogmatischen Erkenntnismöglichkeit. So referiert Cicero in den *Academica Posteriora* und im zweiten Buch der *Academica Priora* (=*Lucullus*) die Lehre des Antiochos mit dessen dogmatischer Position (vgl. S. 71) und stellt dagegen (im eigenen Namen) die skeptische Richtung innerhalb der Akademie. Dabei gibt es aber eine Akzentverschiebung. Während der Skeptizismus eines Karneades durch das Gegenüber von zwei unterschiedlichen Positionen zur generellen Urteilsenthaltung führt, will Cicero in der „disputatio in utramque partem" das „Wahrscheinliche" („probabile") herausfinden und so den reinen Skeptizismus überwinden, ohne einer unflexiblen Dogmatik zu verfallen. In einer skeptischen Offenheit könne so im Für und Wider das Wahrscheinliche aufleuchten.

> Was ist es also, was mich hinderte, dem zu folgen, was mir als wahrscheinlich erscheint, und das Gegenteil davon als unwahrscheinlich abzulehnen und damit einer arroganten Selbstsicherheit aus dem Wege zu gehen (*De officiis* II 8)?

Das Wahrscheinliche gilt für Cicero als hinreichende Grundlage für das Handeln im praktischen und politischen Bereich. In den Erörterungen Ciceros kommt dies auch darin zum Ausdruck, dass in der Darstellung von Rede und Gegenrede der Gegenrede, die Cicero meist im eigenen Namen vorträgt, in Länge und Sachgehalt ein Übergewicht zukommt.[6] Jedenfalls ist es die Überzeugung Ciceros, dass man mit seiner spezifischen Ausprägung des Probabilismus der Wahrheit näherkommt, wobei Ciceros Begriff vom Wahren oder Wahrscheinlichen immer in Relation zu dem danach Suchenden steht.

Während Cicero die Erkenntnislehre vorwiegend an den - gewiss persönlich abgewandelten - Anschauungen von Probabilismus der Akademie entwickelt, steht für die Ethik die Auseinandersetzung mit der epikureischen und der stoischen Philosophie ganz im Vordergrund. Systematisch geschieht das vor allem in der Schrift *De finibus bonorum et malorum,* mit der Cicero die alte Frage nach dem zu erstrebenden Ziel, nach der „Eudämonie", aufgreift. Dabei bedeutet das Wort „finis" nicht Grenze im Sinne einer Begrenzung, sondern meint als Übersetzung von τέλος das höchste erreichbare Ziel, was in den üblichen Übersetzungen wie „Von den Grenzen des Guten und des Schlechten" (oder ähnlichen) nicht recht zum Ausdruck kommt. Es geht um die höchsten und letzten Ziele menschlichen Handelns. Cicero hat sich selber ausdrücklich auf dem Begriff des Telos als höchstes Ziel allen Handelns bezogen (*fin.* I 42).

In einem Vorgespräch (I 14–21) rechtfertigt Cicero zunächst grundsätzlich seine Leistung, die griechische Philosophie in lateinischer Sprache darzulegen. Das sei überhaupt die eigentliche Lust: „delectamur cum scribimus" (I 3). In einem kurzen Abriss stellt er dann die Lehre Epikurs einschließlich der Naturlehre dar. Dabei kritisiert er, dass Epikur gegenüber Demokrit unselbstständig sei, und dort, wo er von Demokrit abgewichen ist - in der Annahme der Abweichung der Atome von der geraden Bahn („declinatio") –, sei seine Vorstellung „kindisch" („pueriliter", I 18). Überhaupt sei eine Philosophie, deren Ziel durch die Begriffe Lust und Schmerz gekennzeichnet ist, unwürdig. Die Natur habe den Menschen zu Höherem geschaffen.

Dann lässt Cicero seinen (im Jahre 47 v. Chr. verstorbenen) Freund Lucius Manlius Torquatus die Lehre Epikurs darstellen. Cicero geht dabei mit bemerkenswerter Objektivität vor. Die Lehre Epikurs von der Lust als Schmerzfreiheit, als Inbegriff des guten Lebens, wonach „beate vivere" zugleich „cum voluptate vivere" (I 54) bedeutet und der Hass als Gegenteil der Lust Quelle von Zwietracht ist, wird von Cicero überzeugend dargelegt. Wenn bei der Erwähnung der Freundschaft als einer gelebten Gemeinschaft hinzugefügt wird: „quod fit etiam nunc ab Epicureis" (I 65), so ist damit ein Hinweis auf zur Zeit Ciceros bestehende epikureische Zirkel gegeben. Die ganze Diskussion ist also keine rein theoretische. Die Widerlegung der Lehre Epikurs, die Cicero im zweiten Buch dieser Schrift vornimmt,[7] ist durch einen lebhaften Stil gekennzeichnet. Schon das Wort für Lust (ἡδονή, „voluptas“) lasse jede Würde („dignitas“) vermissen (II 75). Wenn die Lust in Schmerzfreiheit bestehe, wieso kann eine so verstandene Lust zugleich eine Tugend sein? Die Lehre Epikurs von der Lust erniedrige den Menschen zu einem trägen und stumpfsinnigen Vieh (II 40). Wenn alles auf Lust beruht, dann sind, so argumentiert Cicero, die Tiere den Menschen überlegen. Denn ihnen bietet die Erde direkt reichlich Nahrung, während der Mensch sich abmühen muss, um Nahrung und damit Lust zu gewinnen. Wir Menschen sind zu Höherem und Großartigerem („ad alteriora et magnificentiora“) bestimmt (113). Am Schluss dieses Buches (II 118) erfährt man, dass diese hochemotionale und zugleich gelehrte Widerlegung der Lehre Epikurs (in der Fiktion) ein Gespräch war, das auf einem Spaziergang („ambulandi et disputandi“) stattfand.

Das dritte und vierte Buch sind der Darlegung und Kritik der stoischen Lehre gewidmet. Die Auseinandersetzung mit der Stoa ist sehr viel ausführlicher gehalten als die Kritik der Lehre Epikurs. So sagt denn auch Cicero jetzt, die (hier personifizierte) Lust solle sich für besiegt erklären und sich in ihren Grenzen halten (III 1). Die Epikureer würden an der Oberfläche bleiben. Die Stoiker gelten Cicero als ernsthafte Partner der Auseinandersetzung. Cicero überträgt die hellenistische und überhaupt griechische Philosophie nicht unreflektiert und legt darüber eine genaue Rechenschaft ab. Er konstatiert, dass es in den verschiedenen Wissensbereichen unterschiedliche Fachausdrücke gibt, die nicht ohne Weiteres allgemeinverständliche sind. Mathematiker, Ärzte, Musiker und auch Grammatiker haben ihre eigene Fachsprache (III 4). Selbst die Handwerker bedienen sich bestimmter Fachausdrücke, die nicht allgemeinverständlich sind. Hier drückt sich ein differenziertes Verständnis für die Eigenart von Sprache aus, das die Grundlage für das Unternehmen Ciceros ist, griechische Philosophie in lateinischer Übersetzung zu vermitteln. Dadurch, dass Cicero in Übereinstimmung mit den Stoikern die Philosophie als „Lebenskunst“ („ars vitae“, III 5) ansieht, erhält allein die Übertragung griechischer Philosophie ins Lateinische eine ethische Komponente.

In der literarischen Fiktion ist dieses dritte Buch ein Brief Ciceros an seinen Freund Brutus, der zu dieser Zeit auch wirklich noch lebte und bald darauf zu den Mördern Caesars gehören sollte. Dieser Brief schildert eine Begegnung Ciceros mit Cato (dem Jüngeren, Uticensis), die in der literarischen Fiktion im Jahre 52 v. Chr. stattgefunden hat. Cicero hat damit dem gerade (im Jahre 46 v. Chr.) verstorbenen Cato ein literarisches Denkmal gesetzt. Denn Cicero lässt Cato in zusammenhängender Rede die stoische Philosophie in all ihren Facetten so überzeugend vortragen, dass Cicero ihn sagen lässt, er (Cato) bewundere bei den Stoikern deren Geschlossenheit in der Lehre und der gedanklichen Gliederung des Stoffes.

Entsprechend ist die Kritik der stoischen Lehre, die Cicero im eigenen Namen im vierten Buch vorträgt, differenzierter und komplizierter als die pauschale Zurückweisung der Lehre Epikurs. Die einzelnen Argumente beziehen sich vor allem auf eine Kritik an der unrealistischen Lebensferne der Stoiker. Sie zeige sich in den einseitigen Postulaten, wonach nur der Weise glücklich sein kann, alle anderen aber Toren wären. Auch sei sowohl die Physik mit der Lehre vom Feuer als auch die Rhetorik nur dürftig und nicht überzeugend behandelt. Am Schluss (IV 79) wird jedoch Panaitios hervorgehoben, der die schroffen Einseitigkeiten seiner Vorgänger vermieden habe.

Das fünfte Buch bringt die Synthese. Der fiktive Schauplatz ist jetzt Athen im Jahre 79 v. Chr., als der junge Cicero dort in dem Ptolemaion genannten Gymnasium Vorlesungen des Antiochos hört und dann mit Freunden einen Rundgang durch das Gelände der Akademie macht. Hauptredner ist der zehn Jahre ältere Marcus Piso, der sich als Schüler des Antiochos ausgibt und Cicero von der Neuen zur Alten Akademie führen will. Mit der „Alten Akademie" ist hier ein philosophischer Sammelbegriff gemeint, der auch Aristoteles und Theophrast umfasst. Die Nachfolger von Platon und Aristoteles werden zwar kritisiert, aber doch als besser bezeichnet als die der anderen Schulen. Der Angeredete in den Ausführungen Pisos ist Cicero, der am Schluss natürlich einstimmt in den Preis der Tugend, die allein glücklich macht, weil er sich auf die Natur des Menschen in seinen Anlagen und Möglichkeiten stützt. Auffällig ist, dass dabei Platon und Aristoteles und darüber hinaus die Akademie und der Peripatos als eine Einheit angesehen werden, ganz im Sinne des Antiochos, den Cicero in Athen gehört hatte. Überblickt man diese Schrift Ciceros im Ganzen, so erscheint als das Wichtigste die Auseinandersetzung Ciceros mit der hellenistischen Philosophie in ihrer Ausprägung durch die Stoa und durch die Lehre Epikurs.

Mit der Schrift *De finibus bonorum et malorum* hatte Cicero den Anspruch verbunden, den gesamten Bereich der philosophischen Ethik in der Auseinandersetzung mit der hellenistischen Philosophie darzustellen. Zur gleichen Zeit hat Cicero mit den *Tusculanen* (*Tusculanae disputationes*) ein weiteres Werk zum Bereich der Ethik vorgelegt, das zwar nicht das Ziel verfolgt, eine komplette Ethik systematisch darzulegen, aber anhand der Themen Tod, Schmerz und Krankheit doch zum Ganzen der Philosophie vorzudringen.[8] Dieses Werk, gleichzeitig mit *De finibus* im Jahre 45 erschienen, lässt einen Ton der persönlichen Betroffenheit erkennen, obwohl der Gesprächspartner Ciceros nicht namentlich benannt, sondern nur durch das Wort „auditor" bezeichnet wird.[9] Zu dem Verlust der politischen Wirksamkeit kamen für Cicero gerade in den Jahren 45–44 persönliche Schicksalsschläge, unter denen der Tod der geliebten Tochter Tullia am schmerzlichsten war. So haben die Themen dieses Werkes, Tod und Schmerz, einen persönlichen Hintergrund. Mit der Erörterung der jeweils vom „auditor" aufgestellten Thesen und deren Widerlegung durch Cicero wird dies deutlich. Die Themen Tod (Buch I), Schmerz (Buch II), Kummer (III, IV) sowie Tugend als einziges Mittel zum Glück (V) sind dafür bezeichnend. Aber Cicero dringt immer wieder zum Ganzen der Philosophie vor, insbesondere in den Vorreden zu den einzelnen Büchern. So skizziert Cicero gleich zu Beginn des Werkes ganz prinzipiell die griechische Philosophie im Verhältnis zur römischen Lebensweise. In den Sitten, den Einrichtungen des Lebens, in der Ordnung des Staats- und Kriegswesens, in Würde und Standhaftigkeit seien die Römer den Griechen überlegen. Aber an Wissenschaft und Gelehrsamkeit haben die Griechen die Römer übertroffen, auch in der Dichtung, in der Musik, aber auch in Mathematik, insbesondere in der Geometrie. Ausdrücklich bekräftigt Cicero noch einmal seine skeptische Position mit der Begründung, nur durch die Darstellung des Für und Wider käme man dem Wahrscheinlichen nahe, was in der Form „disserere in utramque partem" zugleich die beste Übung im Reden sei (II, 9). Die Verknüpfung von Philosophie mit Rhetorik ist ein Ziel, das Cicero immer wieder anstrebt. In diesem Sinne fordert er alle Befähigten dazu auf, diesen Zweig der Literatur, „dem schon erschlaffenden Griechenland“ („iam languenti Graeciae“) zu entreißen und nach Rom zu bringen (II 5). Cicero will also die Philosophie retten, indem er sie nach Rom bringt und so zur Lebensgestaltung nützen kann. Mit dieser „Philosophie“ ist in erster Linie die hellenistische Philosophie gemeint, selbst wenn gelegentlich von Platon die Rede ist (II 8), bei dem Cicero die skeptische Position der elenktischen Verfahrensweise angelegt findet. Erneut werden die Epikureer scharf kritisiert. Die Schriften Epikurs und die seiner Schüler würden überhaupt nur von deren Anhängern in die Hand genommen (II 8), wie denn manche Autoren (und es sind vor allem die Epikureer gemeint) niemand anrührt außer denen, die genauso verfahren (I 6). Es ist dies ein bemerkenswertes Zeugnis dafür, dass die Epikureer in Rom zur Zeit Ciceros zwar vorhanden sind, aber eine Art Sekte bilden, die im öffentlichen Bewusstsein keine bedeutende Rolle spielt.

Auch in der Frage, wie man mit Kummer und Sorgen fertig wird (Buch III und IV), kommen erneut die Epikureer ins Visier. Denn für die Auffassung, man solle die gegenwärtigen Freuden genießen und sehen, dass möglichst kein Schmerz dazwischenkommt, wird nicht nur Epikur zitiert, sondern ein Epikureer, Zenon (es ist nicht der berühmte Stoiker), den Cicero in Athen selber gehört hat und der als aufbrausend und laut charakterisiert wird (III 38).

Mit der These, dass allein die Tugend den Weg zum glücklichen Leben weise (Buch V), stellt sich Cicero in die Nähe der stoischen Lehre. Dabei kritisiert er sich selber darin, dass er bei Ängsten und Beschwerden vielfach nicht auf die Kraft der Tugend vertraut habe. Alle Besserung könne man überhaupt nur von der Philosophie erwarten. Diese Überlegungen münden in den berühmten Preis der Philosophie:

> Führerin des Lebens, Philosophie! Erforscherin der Tugend und Vertreiberin der Laster! Was hätten nicht nur wir, sondern überhaupt das ganze Leben der Menschen ohne dich gekonnt? Du hast Städte gegründet, du hast (damit) die zerstreut lebenden Menschen zu einer Lebensgemeinschaft zusammengerufen, du hast sie überhaupt erst durch Wohnstätten, durch Ehen und dann durch die Gemeinschaft von Schrift und Rede vereinigt. Du bist die Erfinderin der Gesetze, du bist Lehrerin der Sitten und der rechten Ordnung gewesen. Zu dir nehmen wir Zuflucht, von dir erbitten wir Hilfe. Du hast die Lebensruhe geschenkt und den Schrecken des Todes aufgehoben (V 5–6).

Schließlich konstatiert Cicero, dass in der Frage nach der Tugend als Grundlage eines glücklichen Lebens Übereinstimmung aller Philosophenschulen herrsche außer der epikureischen. Und ganz am Schluss steht ein persönliches Bekenntnis. Cicero wisse zwar nicht, wieweit er anderen mit der Philosophie genutzt habe, er selber aber habe durch die Philosophie Erleichterung von den schärfsten Schmerzen und von Belästigungen, die ihn von allen Seiten bedrängt haben, gefunden (V 127).

Ein weiterer, großer Komplex, dem sich Cicero in diesem Jahre widmet und der in der hellenistischen Philosophie eine große Rolle spielt, betrifft das Verhältnis des Menschen zu Gott (beziehungsweise zu den Göttern) und zum Schicksal („fatum"), also zu übermenschlichen Autoritäten. Die entsprechenden Schriften (*Vom Wesen der Götter, Über die Wahrsagung, Über das Schicksal*) sind nicht unkompliziert und zeigen die Intensität der Bemühungen Ciceros, diesen Zweig philosophischen Denkens zu durchdringen. In der Schrift *Über das Wesen der Götter* (*De natura deorum*)[10] ist die Szenerie in das Haus des römischen Politikers C. Aurelius Cotta gelegt, und zwar kurz bevor Cotta Konsul wurde (75). Cicero kommt in eine schon im Gange befindliche Diskussion zwischen Cotta und dem Senator C. Velleius. Cicero gestaltet es so, dass er selbst sich auf weite Strecken zurückhält, um erst ganz am Schluss aufzutreten.

Cicero ist sich der Schwierigkeit bewusst, angesichts bestehender Kulte und Ehrungen den Göttern gegenüber (gerade auch in seiner römischen Gegenwart) die sowohl in der Stoa als auch bei den Epikureern lebhaft diskutierte Frage über die Existenz und das Einwirken von Göttern auf die Menschen zu erörtern. Entsprechend stellt es Cicero so dar, dass (in seiner Fiktion) die Diskussion über diese Thematik überaus gründlich und sorgfältig gewesen sei. Dass die Erörterung sich an den Lehrern der verschiedensten Philosophen vollzieht, begründet Cicero mit der methodischen Maxime, mit dem Tode eines Menschen würden dessen Gedanken nicht untergehen (I 11).

Im ersten Buch trägt zunächst Velleius seine Auffassung über das Wesen der Götter vor. Cicero lässt Velleius als Epikureer auftreten und gibt damit ein Beispiel dafür, dass es durchaus Anhänger Epikurs und seiner Lehre in den Kreisen der politischen Prominenz Roms gegeben hat. Velleius argumentiert kompliziert. Er diskutiert nicht weniger als 27 Lehren der verschiedensten Philosophen von Thales an, um deren Inkonsequenzen in Bezug auf den Einfluss von Göttern auf die Menschen aufzuzeigen. Sein Urteil ist nicht gerade zögerlich. So lässt Cicero ihn behaupten, Platons Auffassung vom Göttlichen sei inkonsequent, Aristoteles bringe vieles durcheinander. Schließlich resümiert Velleius mit unübertrefflicher Schärfe, er habe nicht die Urteile von Philosophen, sondern die Träume Wahnsinniger dargelegt („exposui fere non philosophorum iudicia, sed delirantium somnia", I 42). Velleius referiert dann die epikureische Lehre von den Göttern, wonach die Götter keine menschenähnliche Gestalt, sondern nur „quasi corpus" und „quasi sanguinem" haben (I 49) und im Übrigen in völliger Glückseligkeit leben. Nicht weniger ausführlich antwortet Cotta, indem er die epikureischen Anschauungen in allen Einzelheiten zu widerlegen sucht, mit dem Ergebnis, dass Epikur an gar keine Götter glaube und nur mit Rücksicht auf die Menschen in seiner Umgebung von der Existenz von Göttern gesprochen habe. Velleius ist tief beeindruckt und bezeichnet es als unvorsichtig, dass er sich mit einem „Akademiker" („Academico") und noch dazu einem ausgezeichneten Redner eingelassen habe.

Im zweiten Buch trägt Balbus, einer der Gäste im Hause Cottas, in hymnischer Begeisterung die stoische Lehre von der Existenz und dem Wirken der Götter vor. Er preist die Schönheit der Welt, die Erde, „bekleidet" mit Bäumen, Gräsern, Quellen, Höhlen, sodann die Vielfalt der Tierwelt und dann den Menschen mit seinen Organen, mit Luft- und Speiseröhre, Mund, Gaumen, Händen, Lunge, Herz, Seele und schließlich seine den Tieren gegenüber bessere Ausstattung mit dem „aufrechten Gang" und mit der Anlage zur Vernunft. Das alles kann nur durch göttliche „providentia" so schön sein. Die Götter existieren nicht nur, sie sorgen sich um den Menschen. Ihre Existenz dürfe eigentlich nicht in Frage gestellt werden.

Die Kritik an der stoischen Lehre trägt im dritten Buch Cotta vor, der sich als Anhänger der Akademie präsentiert. Das Buch ist lückenhaft überliefert, aber so viel ist erkennbar, dass Cotta die stoische Lehre von der göttlichen Weltlenkung scharf kritisiert hat.

Auffallend ist, dass Cicero die Position der Akademie nicht selber vertritt, sondern von Cotta vortragen lässt. Erst ganz am Schluss des Werkes deutet Cicero in eigenem Namen an, der Vortrag des Balbus schiene ihm der Wahrheit am nächsten zu kommen, im Sinne einer vorsichtig formulierten Probabilität. Das gilt aber wohl nur im Hinblick auf die gegensätzlichen Positionen von Epikureern und Stoikern, wobei die Stoa Ciceros eigener Position näherkommt. Die Schrift im Ganzen zeigt die Aktualität der Thematik sowohl für die hellenistische Philosophie als auch für die römische Wirklichkeit.

Ein großer Teilbereich in der Thematik, die das Verhältnis des Menschen zu göttlichen Kräften zum Inhalt hat, ist in der Schrift *Über die Wahrsagung* (*De divinatione*) von Cicero erörtert. Es ist ein Gespräch zwischen Cicero und seinen Bruder Quintus auf dem Landgut in Tusculum, deutlich gekennzeichnet als Rede und Gegenrede im Sinne des „disserere in utramque partem". Ausdrücklich verweist Cicero auf die Schrift *Über das Wesen der Götter*, die Quintus gerade gelesen habe (I 7). Im ersten Buch stellt Quintus als überzeugter Stoiker umfassend den gesamten Bereich der Mantik mit Opferschau, Auspizien, Orakeln und Träumen aus der Sicht des Stoikers dar, mit ausdrücklicher und scharfer Kritik an Karneades, dem es an Eleganz und Schmuck der Darstellung fehle (I 62), und zwar mit einer stupenden Fülle an Beispielen aus dem griechischen und noch mehr römischen Bereich. „Warum griechische Beispiele?", fragt Quintus und fügt hinzu: „me magis nostra delectant" (I 62). An einer Fülle von Beispielen wird erörtert, dass im römischen Leben nichts Bedeutendes ohne Auspizien unternommen wird, im öffentlichen wie im privaten Bereich (I 28).

Cicero antwortet im zweiten Buch im eigenen Namen. Nach einem Überblick über seine (bis dahin erschienenen) philosophischen Schriften und die mit ihnen verbundenen Absichten (II 1–7) sucht Cicero bei aller Anerkennung der vielen römischen Beispiele, die Quintus angeführt hat, darzulegen, dass Lehrer und Wahrsager kein philosophisches Problem lösen könnten. Cicero argumentiert auch hier ganz auf der Basis der in der Akademie von Karneades vertretenen Skepsis, wonach anhand von Argumenten, die der Wahrheit nahekommen („simillima veri", II 150), das Urteil dem Hörer, der Hörerin (beziehungsweise dem Leser, der Leserin) überlassen bleibe.

Zu den eher ergänzenden, kleineren Schriften, die Cicero in dieser Zeit (zwischen 46 und 44) zu Teilbereichen einer Ethik geschrieben hat, gehören die Abhandlungen über die Freundschaft (*Laelius de amicitia*)[11] und über das Alter (*Cato maior de senectute*)[12]. Mit der

Freundschaft ist ein Thema benannt, das seit Platons Dialog *Lysis* über die Traktate in der aristotelischen Ethik (*Nikomachische Ethik* VIII und IX) und Theophrasts Schrift *Über die Freundschaft* als Gegenstand der Erörterung und sowohl für die Stoa als auch für die Epikureer von Bedeutung war. Cicero gibt, mag er sich inhaltlich auch an Panaitios angeschlossen haben, diesem Thema eine ganz persönliche Note, indem er die Szenerie in das Jahr 129 legt, kurz nach den Tode des Scipio, sodass die Freundschaft zwischen Scipio und Laelius, fortgesetzt in der Freundschaft zwischen Cicero und Atticus, zum Symbol für die wahre Freundschaft geworden ist. Cicero preist die Freundschaft in ihrer Einmaligkeit, zeigt aber auch die Grenzen der Freundschaft auf, die zwischen Schmeichelei und Tadel sorgfältig zu erwägen sind.

Zu den eine komplette Ethik ergänzenden Schriften gehört auch der Traktat *Über das Alter* (*Cato maior de senectute*). Im Unterschied zur Freundschaft ist das Alter kein Thema der Ethik bis Aristoteles einschließlich. Erst von Theophrast ist der Schriftentitel *Über das Alter* überliefert, aber selbst in der Stoa wie bei den Epikureern ist das Alter kein Gegenstand philosophischer Reflexion. In dem Dialog Ciceros treten als Gesprächspartner der ältere Cato, Laelius und Scipio auf. Laelius und Scipio wundern sich, dass der 83-jährige Cato sein Alter klaglos erträgt. Die Schrift ist also in der Dialogfiktion gegenüber der Abfassungszeit um 100 Jahre zurückverlegt, anders als es bei den anderen philosophischen Schriften Ciceros der Fall ist. Es werden vier Vorwürfe dem Alter gegenüber diskutiert. Das Alter halte von Taten ab, mache den Körper schwach, raube dem Menschen fast alle Genüsse und sei nicht weit vom Tod entfernt. Cato widerlegt diese Vorwürfe durch den Hinweis auf Voraussicht, Beständigkeit und Autorität des Alters. Das Alter sei kein Verlust, sondern ein Geschenk mit vorzugsweise geistiger Betätigung, Pflege der Freundschaft und ähnlichen Beschäftigungen. Der Tod sei ohnehin nicht zu fürchten. Und der alte Mensch sei unentbehrlich für die folgende Generation. Im Unterschied zu fast allen anderen philosophischen Schriften Ciceros kann hier eine hellenistische Quelle nicht nachgewiesen werden, so dass die Erörterung ganz im römischen Kontext geführt wird.

Eine eindeutige Auseinandersetzung mit hellenistischer Philosophie liegt dann in der relativ kurzen, unvollständig überlieferten Schrift *De fato* (*Über das Schicksal*) vor.[13] Die Szenerie weicht von der der anderen philosophischen Schriften Ciceros insofern ab, als es sich um ein Zwiegespräch zwischen Cicero und Hirtius (dem Freund und Vertrauten Ciceros) handelt. Hirtius entwickelt die stoische Lehre von der schicksalshaften Vorherbestimmung, die Cicero anschließend widerlegt, als ein einfaches „disserere in utramque partem" ohne weitere Dialogteilnahme. Im Übrigen gibt es keinen weiteren Hinweis auf die Szenerie. Hirtius entwickelt also die stoische, weitgehend an Chrysipp orientierte Lehre eines ewigen, lückenlosen und kontinuierlichen Kausalnexus (Heimarmene) als eines Vernunftgesetzes, das in einer kosmischen Sympathie den Einfluss der Gestirne, der jeweils unterschiedlichen geographischen Beschaffenheit bis hin zur Mantik regelt, also alle Bereiche der Philosophie umfasst. Cicero sucht die stoische Lehre mit vielen Beispielen zu widerlegen und bezieht in seine Kritik auch Epikur und seine Lehre ein, wobei er sich weitgehend auf die Position des Karneades stützt, der mit der Aussage zitiert wird, nicht einmal Apollon könne künftige Ereignisse prophezeien (32). Ausführlich geht Cicero auch auf Epikurs Lehre von der Bahnabweichung der Atome ein (vgl. S. 22 und 24) und interpretiert diese Lehre Epikurs zutreffend mit dem Argument, dass es bei einer zwangsläufig nur senkrechten Schwerkraft der Atome für die Menschen keine Freiheit gäbe (23 und 47), lehnt aber die Annahme der Bahnabweichung als inkonsequent ab. Jedenfalls sucht Cicero darzulegen, dass es den Stoikern und den Epikureern nicht gelingt, Schicksal („fatum") und Freiheit des Menschen zu vereinbaren.

Die Schrift *De fato* ist im November des Jahres 44 v. Chr. fertiggestellt worden und gehört damit zu den spätesten der philosophischen Schriften Ciceros. Danach oder fast gleichzeitig folgt nur noch das vielleicht bedeutendste Werk in der Auseinandersetzung mit der hellenistischen Philosophie. Schon der Titel *De officiis* zielt auf den stoischen Begriff der Pflicht. Im Unterschied zu den anderen philosophischen Schriften handelt es hier nicht um ein (fiktives) Gespräch Ciceros mit anderen Dialogteilnehmern. Vielmehr legt Cicero allein die hellenistische Pflichtenlehre dar. Er widmet dieses Werk seinem Sohn Marcus, den er ein Jahr zuvor zum Studium der Philosophie nach Athen geschickt hatte und den er im Sommer des Jahres 44 besuchen wollte. Athen gilt offenbar doch noch als ein zentraler

Ort für eine philosophische Ausbildung. Cicero hat mit dem Wort „officium" einen Begriff für „Pflicht" geschaffen, der präziser ist als der griechische Terminus καθῆκον. Er begründet die Darlegung einer Pflichtenlehre damit, dass es sich um ein Thema handelt, das die weiteste Geltung im Bereich des menschlichen Handelns hat, in der Öffentlichkeit wie im privaten Leben, weshalb die Untersuchung dieses Fragenkomplexes ein gemeinsames Anliegen nahezu aller Philosophen sei. Konkret aber teilt Cicero mit, dass er für die beiden ersten Bücher seiner Schrift dem Stoiker Panaitios gefolgt sei, der diesen Fragenkomplex am gründlichsten unterrichtet habe (III 7).[14] Das ist deshalb sinnvoll, weil Panaitios die Lehre der alten Stoa dahingehend verändert hatte, dass das Phänomen der Pflicht nicht allein auf den „Weisen", sondern auf alle Menschen Anwendung findet. Entsprechend enthält seine, von Cicero aufgenommene und ausgestaltete Pflichtenlehre eine anthropologische Fundierung. Sie besteht darin, dass der Mensch Kraft seiner Vernunftnatur sich um das Zusammensein mit anderen Menschen kümmert, wie es in Planungen und Handlungen zum Ausdruck kommt. Daraus ergeben sich bestimmte Arten von Verpflichtungen, die den vier klassischen Kardinaltugenden entsprechen, Klugheit („prudentia"), Gerechtigkeit („iustitia"), Seelengröße („magnitudo animi") und Besonnenheit („temperantia"). Dabei tritt die „magnitudo animi" an die Stelle der traditionellen Tapferkeit. Diese Bereiche des Handelns sind Erscheinungsformen des Sittlichen („honestum"). Cicero behandelt die aus diesen Tugenden erwachsenen Verpflichtungen in unterschiedlicher Ausführlichkeit, wobei die Pflichten im sozialen Bereich im Vordergrund stehen. Dabei kommen auch die Begrenzungen und die möglichen Konflikte zwischen einzelnen Pflichten in den Blick, exemplifiziert mit Beispielen auch aus dem römischen Bereich. So hebt Cicero ausdrücklich hervor, dass die „Seelengröße" (womit also auch Tapferkeit gemeint ist) ganz generell das römische Volk auszeichnet („populus Romanus animi magnitudine excellit", I 61), aber mit Gerechtigkeit verbunden sein muss. Dann findet es Cicero abscheulich („odiosum"), wenn die Seelengröße mit einem angeborenen übersteigerten Streben nach einer Führungsrolle verbunden ist (I 64). Sicher hat Cicero hier an den wenige Monate zuvor ermordeten Caesar gedacht. Überhaupt sieht er die „Seelengröße" (die also der Tugend der Tapferkeit entspricht) im Frieden stärker verwirklicht als im Krieg: „Die Waffen müssen der Toga weichen" (I 77). Man spürt hier eindringlich, wie Cicero die „Einbürgerung" der griechischen Philosophie in Rom versteht. Einerseits wird die Lehre des Panaitios ausführlicher exponiert, als es die wenigen Fragmente seiner Schrift *Über die Pflicht* vermuten lassen, auf der anderen Seite wird diese Lehre in den römischen Kontext geradezu eingeschmolzen. Wie Panaitios sieht Cicero die Pflichten als Verwirklichung der kardinalen Tugenden an, aber die Beispiele dafür stammen überwiegend, wenn auch nicht ausschließlich, aus dem römischen Bereich. Die aus diesen Tugenden sich ergebenden Pflichten sind vor allem im öffentlichen Raum der Politik zu erfüllen. Aber man soll auch nachsichtig sein gegenüber denen, die nicht an der Politik interessiert sind und sich ganz der Wissenschaft verschrieben oder sich aus schwerwiegenden Gründen von der Politik abgewandt haben (I 70–72). Das persönliche Schicksal Ciceros ist hier spürbar. Die stoische Devise, man solle in Übereinstimmung mit der Natur leben, bedeutet, dass jeder Einzelne entsprechend seiner Natur einen angemessenen Lebensstil zu entwickeln und darin seine Pflichten zu erfüllen habe.

Das zweite Buch handelt vom Nutzen, den die Erfüllung von Pflichten hat. Auch hier folgt Cicero Panaitios, von dem er auch zahlreiche Beispiele aus der griechischen Mythologie und Geschichte übernimmt, aber auch hier vermischt mit römischen Exempla und mit Bemerkungen über seine persönliche Hinwendung zur Philosophie, die er hier abermals rechtfertigt. Dann wird an vielen Beispielen gezeigt, dass die Erfüllung von Pflichten auch Nutzen bringe, das Ehrenhafte („honestum") also kein Gegensatz zum Nützlichen sei. Bei der Erörterung der Frage, ob das „honestum", also die Ausübung der Pflichten, mit dem Nützlichen in Konflikt geraten könne, betritt Cicero ein Gebiet, das – wie er ausdrücklich hervorhebt – Panaitios ausgelassen habe. Hier ist Panaitios ebenso wenig die Quelle wie die scharfe und pauschale Kritik der epikureischen Lehre von der Lust, der Cicero den Status einer kardinalen Tugend schlechthin abspricht.

*De officiis* ist nicht nur die letzte, sondern auch gewichtigste philosophische Schrift Ciceros. Sie ist ohne Panaitios nicht denkbar, aber so mit römischem Kolorit verwoben, dass dessen Schrift *Über die Pflicht* nur bedingt rekonstruierbar ist. Die philosophischen Schriften, die Cicero im letzten Jahrzehnt seines Lebens verfasst hat, entstanden zwar nach seinem Rückzug aus dem aktiven politischen Leben, aber nicht in ruhiger Muße. Es war eine unruhige Zeit in Rom, gipfelnd in der Ermordung Caesars am 15. März 44. Auch Cicero war in dieser Zeit voller Unruhe. Er reiste viel, führte ständig Gespräche, blieb an jedem Ort, den er besuchte, nur kurze Zeit. Im Sommer des Jahres 44 wollte er seinen Sohn Marcus in Athen besuchen, musste aber wegen stürmischer Winde auf halbem Wege wieder zurückkehren. Athen gilt ihm aber auch zu dieser Zeit doch noch als Zentrum der Philosophie. Ausdrücklich ermahnt er seinen Sohn, nicht mit leeren Händen nach Rom zurückzukehren, was eine Schande für Athen wäre (*off.* III 6).

Cicero ist ein gewichtiger Zeuge für die Kenntnis der hellenistischen Philosophie, aber nur bedingt als Quelle der verlorenen Schriften hellenistischer Autoren anzusehen. Denn er bringt die Themen der hellenistischen Philosophie sogleich mit seiner eigenen Position in Verbindung, auf die hin er die hellenistischen Quellen rezipiert. Sein Verdienst ist vor allem die Umsetzung der hellenistischen Philosophie in die lateinische Sprache und damit in eine Form, die zumindest für das ganze Mittelalter verbindlich war.

# Seneca

Die hellenistische Philosophie blieb auch nach der Epoche, die man Hellenismus nennt, lebendig. Hatte Cicero die hellenistische Philosophie der römischen Welt und damit der lateinischen Sprache erschlossen, so war es ein Jahrhundert später Seneca (ca. 1–65), der sich als Stoiker bekannte und auf dieser Basis eine Reihe philosophischer Schriften verfasste, die – wie bei Cicero – in die römische Gegenwart wirken sollten. Die Parallelität mit Cicero ist auch in der Gestaltung des Lebens und des politischen Wirkens erkennbar. Wie Cicero hat auch Seneca in Rom die politische Ämterlaufbahn erstrebt und wurde Quaestor (ca. 34) und Konsul (57). Wie Cicero hat er eine umfangreiche Tätigkeit als Redner entfaltet und überwiegend, wenn auch nicht ausschließlich, in seinem letzten Lebensjahrzehnt philosophische Schriften verfasst. Noch stärker als Cicero war er in das politische Geschehen Roms verwoben mit Ehrungen und Aufgaben (Erziehung des jungen Nero), aber auch mit Enttäuschungen und Verletzungen (achtjährige Verbannung in Corsica) bis hin zu dem ihm auferlegten Tod in der Form eines erzwungenen Selbstmordes.[1]

Gleichwohl übertrifft das literarische Werk Senecas dasjenige Ciceros. Denn neben den zwölf Dialogen sind es 124 fiktive Lehrbriefe (*Epistulae morales*), die umfangreichen *Naturales quaestiones* mit der Erörterung astronomischer und meteorologischer Erscheinungen und neun Tragödien, von denen der *Oedipus* gelegentlich heute noch aufgeführt wird, und schließlich noch die *Apocolocynthosis* („Verkürbissung") *Divi Claudii*, eine bittere Satire auf Kaiser Claudius, falls sie überhaupt von Seneca stammt.[2] Unter den Dialogen ist es vor allem die Schrift *De vita beata*, in der die alte Frage nach Ziel und Glück („Eudämonie") des Lebens erörtert wird. Es ist kein wirklicher Dialog, sondern eine lebendige Rede, die nur gelegentlich durch fiktive Einwürfe eines gedachten Hörers oder Lesers unterbrochen wird. Die ganze Schrift ist eine Gegenüberstellung von stoischer und epikureischer Lehre vom geglückten Leben, mit einem Preis der stoischen Tugendlehre und einer Kritik an der epikureischen Lustlehre. Die Lust wird charakterisiert als sklavisch und schwach; ihre Aufenthaltsorte sind Kneipen und Bordelle. Die Lust hält sich versteckt und führt zu einer schnellen Sättigung. Die Tugend („virtus") dagegen ist etwas Königliches. Sie prägt die Sinnesfreuden, soweit sie an den Menschen kommen. Sie ist das höchste Gut, sie bedeutet Seelenstärke, Voraussicht, geistige Gesundheit. Lust schadet im Übermaß, Tugend nicht. Ausdrücklich wird Epikur erwähnt (13), der sich mit seiner Beschränkung der Lust auf die Schmerzfreiheit nur ein philosophisches Mäntelchen umgehängt habe.

Die beiden Schriften *Über die Muße* (*De otio*) und *Über die Seelenruhe* (*De tranquillitate animae*) hängen thematisch zusammen und tragen eine starke persönliche Note. Ausdrücklich betont Seneca, dass es zwei Schulen gibt, die aktuell relevant sind, die Stoa und die Schule Epikurs (3). Nachdrücklich wehrt sich Seneca dagegen, dass er mit dem Preis von Muße und Seelenruhe der Lehre der Stoiker untreu geworden sei. Denn in der Zurückgezogenheit könne man besser ergründen, was die Tugend eigentlich sei (4). Die stoische Maxime eines Lebens in Übereinstimmung mit der Natur umfasse „actio" und „contemplatio", vor allem dann, wenn man die Natur betrachtet, untersucht und schließlich auch bewundert. Man sei auch dann noch ein echter Stoiker, zumal doch auch Zenon und Chrysipp keine Staatsämter bekleidet hätten. So sei der Rückzug aus der politischen Aktivität, wenn sie auf einer bewussten Entscheidung beruht, ein sicherer „Hafen" („portus", 7). Wer Zeit auf die Philosophie verwendet, sei kein Deserteur von der Politik, zumal „wir (Stoiker)" nicht in den Mauern nur eines Staates verweilen, sondern unseren Gedankenaustausch auf den ganzen Erdkreis („totius orbis", *De tranq.* 4) richten, wobei Athen unter den 30 Tyrannen und danach (also in der Zeit des Hellenismus) sich in beklagenswertem Zustand befinde (*De tranq.* 5). Der (wenigstens zeitweilige) Rückzug aus der Hektik des politischen Lebens und die damit verbundene Entspannung sei schließlich auch durch die Einrichtung von gesetzlichen Feiertagen vorgesehen. Dem Rückzug aus der aktiven Politik korrespondiert ein Preis der Freundschaft, die in der Tat sowohl für die Stoiker wie für die Epikureer von zentraler Bedeutung ist.

Schon die Betrachtung dieser drei Dialoge zeigt, dass Seneca im Kontext der philosophischen Lehren nichts Neues sagt, dafür aber – stärker noch als Cicero – die eigene und damit aktuelle Situation in Rom in lebhaft gesteigerter Sprache im Blick hat.[3] Sehr persönlich wirkt die Aussage, eine private Bibliothek sei unverzichtbar und eine Zierde des Hauses (*De tranq.* 9).

Ganz von stoischem Geist erfüllt ist die kleine Schrift *Über die Vorsehung* (*De providentia*), in der Seneca der Frage nachgeht, warum gerade dem guten Menschen so viel Widriges auferlegt ist und ihn so viele Übel treffen. Seneca preist erneut die Welt in all ihren auch physikalischen Erscheinungen als von einer „Vorsehung" gelenkt. Was wir Übel nennen, das sei etwas, das zum menschlichen Leben gehört. In deutlicher und kritischer Anspielung auf Epikurs zentrale Maxime heißt es: „Immer glücklich sein und ohne Schmerz durchs Leben gehen heißt, die andere Seite der Natur nicht kennen Stürme, Kämpfe, Schmach und Schimpf gehören zum Leben". Aber von vorsätzlich schlechten Taten, von Schande, Verbrechen, Habsucht und Begierde hält Gott die guten Menschen frei. Auch der Tod ist kein Übel. Die Trennung von Leib und Seele geht so schnell, dass man den Tod kaum merkt, wobei Seneca hier der stoischen Lehre zuliebe die Wirklichkeit eines langen Leidens bis zum Tode hin außer Acht lässt.

Paradoxerweise ist die Schrift *Über die Kürze des Lebens* (*De brevitate vitae*) relativ lang. Seneca will zeigen, dass die Lebenszeit lang genug ist, wenn man sie richtig nutzt, was die meisten Menschen nicht tun. Seneca kann sich hier nicht auf eine konkrete stoische Lehre stützen und verwendet vorwiegend Beispiele aus der römischen Geschichte und Politik. In einem metaphorischen Sinn wird allen Menschen das Leben lang, wenn sie sich der Philosophie hingeben und damit ihr Zeitbewusstsein erweitern.

Von keinem Jahrhundert sind wir ausgeschlossen, zu allen haben wir Zutritt, wenn wir die engen Grenzen menschlicher Schwäche hinten uns lassen [...]. Debattieren darf man mit Sokrates, Zweifeln mit Karneades, mit Epikur ein ruhiges Leben führen, die Menschennatur mit den Stoikern in den Griff bekommen, mit den Kynikern [aus dem Getriebe der Menschen] heraustreten (14).

Seneca ist hier mehr Eklektiker als Stoiker und wendet sich sogar ausdrücklich gegen Pflichten („officia", 14), die sich selbst und anderen die Ruhe rauben. Das Leben erscheint nur kurz für die, die Vergangenes vergessen, sich um die Gegenwart nicht richtig kümmern und sich vor der Zukunft fürchten.

Ganz auf dem Boden der stoischen Lehre steht die umfangreiche, in drei Bücher eingeteilte Schrift *Über den Zorn* (*De ira*), die noch aus der Zeit stammt, in der Seneca in der Politik Roms engagiert war, obschon die Ruhe im Sinne beständiger Seelenruhe gepriesen wird (I 10). Dabei schöpft die deutsche Übersetzung von „ira" mit „Zorn" nicht ganz das Bedeutungsspektrum dieses Wortes aus. Gemeint ist mit diesem Wort vor allem das, was wir mit „Wut" und heftiger Aggression bezeichnen. Dieser Affekt wird vollkommen abgelehnt und auch nicht in der milderen Form einer Metriopathie geduldet, wie sie Aristoteles empfohlen hat, mit dem sich Seneca ausdrücklich auseinandersetzt (I 3). Wut und Zorn sind, so formuliert es Seneca, weder natürlich und nützlich, sondern gefährlich. Dass ein derartiger Affekt überhaupt aufkommt, sei unter der Würde des „Weisen" (II 6), wenn es auch immer Zorn beziehungsweise Wut unter den Menschen geben wird. Bei den Tieren legt sich eine derartige Aggression schnell, bei den Menschen hilft nur die Vernunft. Lässt man „ira" hochkommen, schadet man sich selbst. Man verfehlt die sinnvolle Lebensform, die der Mensch zu verwirklichen habe. Ausdrücklich erwähnt Seneca auch die Heilmittel gegen den Zorn. Da hilft nur eine sachgerechte Erziehung, die einerseits unternehmerischen Geist nicht ersticken darf, andererseits aber auch dem Mangel an Selbstbeherrschung entgegenwirken muss. Diese Mahnungen und Warnungen hat Seneca in die politische Situation der Zeit hineingesprochen, bereichert durch viele Beispiele aus der römischen Politik in Vergangenheit und Gegenwart, aber ganz auf der Basis der stoischen Ethik.

Die kleine Schrift *Über die Milde* (*De clementia*) ist ebenfalls ganz aktuell auf die römische Politik bezogen, weil hier dem jungen Kaiser Nero „Milde" anempfohlen wird (also ca. 55), die in der Natur des Menschen angelegt ist, mit Selbstbeherrschung einhergeht und der „maiestas" des Herrschers nützt. Senecas Ziel ist die Vereinigung von Macht und Philosophie.[4]

Die hellenistische Philosophie ist präsent in den *Epistulae morales*, einer umfangreichen Sammlung von 123 Briefen an einen nicht näher bekannten Lucilius,[5] die zu den letzten Arbeiten Senecas gehört (ca. 65), als er sich schon längst aus der aktiven Politik zurückgezogen hatte und als kranker Mann das Wort an seinen Freund richtet.

Was tue ich in meiner Mußezeit? Ich kuriere meine Eiterbeule. Würde ich Dir einen geschwollenen Fuß zeigen, einen blauen Arm oder die dürren Muskeln eines steifen Beines, so würdest du mir erlauben, mich auf der Stelle ins Bett zu legen und meine Krankheit zu kurieren. [...] in meiner Brust haben sich verdorbene Säfte angesammelt [...] kein Arzt, sondern ein Kranker wohnt hier (68,7–8). Wohin ich mich wende, finde ich Beweise für mein hohes Alter (12,1).

Wie auch bei den kleineren philosophischen Schriften handelt es sich um fiktive Antworten auf Fragen oder Mitteilungen eines Partners, der wohl eine historische Gestalt sein mag, aber nicht näher zu fassen ist.[6] Die Form des Briefes bedeutet dem Adressaten gegenüber eine persönliche Nähe. Auch konnte Seneca an eine philosophische Brieftradition anknüpfen, wie sie in den Briefen Epikurs vorliegt. Vielleicht ist es auch kein Zufall, dass etwa gleichzeitig mit Senecas Werk die Briefe entstanden und publiziert sind, die unter den Namen des Hippokrates als vermeintlichen Autor gestellt sind.[7]

Die Briefe Senecas sind durchgehend von der Tendenz einer Seelenheilung geprägt. Die Nähe zwischen Arzt und Philosoph ist im griechischen Denken schon früh verankert. Sie ist besonders ausgeprägt bei Platon, der mehrfach die „Therapie der Seele“ als Aufgabe der Philosophie angesehen hat. Und Galen hat dann später ganz im Geiste der älteren, hippokratischen Medizin eine Schrift mit dem Titel *Dass der beste Philosoph auch Arzt sein muss* verfasst. Seneca tritt als Seelenarzt seinem Briefpartner gegenüber auf und kann sich dabei auch auf philosophische Positionen stützen, die nicht immer auf dem Boden der stoischen Philosophie stehen. Zwar bekennt er sich auch in diesem Briefkorpus durchweg als Stoiker, kann aber als Seelenarzt verschiedene Medikamente verwenden, um bei seinem Gegenüber das Ziel einer psychischen Gesundheit und damit eines von der Vernunft geleiteten Lebens zu erreichen.

Aus Vielem, was ich gelesen habe, suche ich mir etwas zu eigen zu machen. Heute ist es das, worauf ich bei Epikur gestoßen bin. Ich gehe nämlich gern auch ins fremde Lager, nicht als Überläufer, sondern als Kundschafter. So sagt er [Epikur]: eine ehrenwerte Sache ist heitere Armut (2,5).

Es gibt Gemeinsamkeiten zwischen Epikur und den Stoikern, die in der Suche nach einem geglückten Leben bestehen und, um nur dieses Beispiel zu nennen, in der Bedeutung, die der Freundschaft beigemessen wird. Seneca bringt nun aber auch den eigenen Rückzug aus der Politik in die ruhige Muße mit der generellen Abstinenz von der Politik, wie sie Epikur empfiehlt, in Verbindung. Dabei konzediert Seneca den Einwand, dass er mit der Empfehlung der Muße auf dem Boden der Lehre Epikurs steht (68,10). Er kann auch sagen, dass bestimmte Sentenzen Epikurs Allgemeingut sind und auch mit seiner (der stoischen) Lehre übereinstimmen (33,2). Und wer sich über das stoische Paradox, nur der Weise könne dankbar sein, ärgern sollte, dem hält Seneca entgegen, man solle wissen, dass Epikur die gleiche Meinung vertritt („scito idem dicere Epicurum", 81,11). Jedenfalls wird Epikur auffallend häufig in den *Epistulae* Senecas zustimmend erwähnt, sodass Seneca sich selbst die Frage stellt: „Äußere ich mich schon wieder ganz wie ein Epikureer?" (48,1)[8] Auf der anderen Seite wird Epikur auch kritisiert, mehr noch in der zweiten Hälfte seiner *Epistulae*. So ist kritisch von der „Werkstatt der Lust" („officium voluptatis") die Rede (92,25), und die Aussage Epikurs, er sei gegen Ende seines Lebens trotz immenser Schmerzen glücklich, wird als unglaubwürdig bezeichnet. Bekämpft wird auch die Lehre Epikurs, man könne nur dann glücklich werden, wenn eine moralische Haltung mit Lust verbunden sei (85,18). Ebenso kritisch ist die Bemerkung gemeint: „Lust sucht man in allem." Das sieht Seneca als einen Fehler an und fügt hinzu: „Kein Fehler bleibt in seinen Grenzen. Genusssucht führt schnell zur Habsucht" (95,33).

Insgesamt fällt auf, wie ausgiebig Seneca sich mit Epikur und dessen Lehre auseinandersetzt und ihr dabei auch gerecht zu werden sucht. Diese Offenheit in Zustimmung und Kritik ist aber doch nur möglich, wenn Seneca selber von einer prinzipiellen Offenheit gegenüber philosophischen Schulen und Richtungen getragen ist, denen er selbst nicht angehört. Seneca wendet sich damit prinzipiell gegen die, die auf eine Lehre eingeschworen sind und gar nicht einzuschätzen wissen, was da gesagt wird (12,10).

Bei alledem ist Seneca Stoiker, aber nicht Inkarnation des stoischen Weisen, sondern als der, der „Fortschritte macht" (Prokopton). Ausdrücklich erklärt er, dass das, was ich billige und lobe, noch keinen sicheren und festen Platz in meinem Leben hat [...] meine Fortschritte sind noch zu gering (87,5).

Seneca stellt sich damit prinzipiell auf die gleiche Stufe, auf der er auch den Adressaten seiner Briefe sieht, dem er gleichwohl ständig Mahnungen und Empfehlungen gibt, ein von der Vernunft geleitetes, aktives Leben zu gestalten. Insgesamt lassen diese Briefe erkennen, dass die Philosophie als Gebieterin über das auf die „virtus" gerichtete Leben an erster Stelle steht, noch vor der Beschäftigung mit den einzelnen Wissenschaften und Künsten („artes liberales"), die, im Übermaß betrieben, sogar einen hemmenden Einfluss auf das richtige Leben haben können (Ep. 88).[9]

Auch die umfangreiche Schrift *Naturales Quaestiones* stammt aus den letzten Lebensjahren Senecas.[10] Sie ist ebenfalls dem jüngeren Freund Lucilius gewidmet. In der Einleitung teilt Seneca mit, dass er als alter Mann („senex") ein großes Werk in Angriff nehme und dabei stärkere Anstrengungen aufwende, mache er sich doch zum Vorwurf, diese Thematik früher „unter sinnlosen Bestrebungen" versäumt zu haben. Jetzt drängt die Zeit. „Die Nacht muss zum Tage hinzugenommen werden".

Die umfangreiche Schrift ist nicht vollständig erhalten, und die Reihenfolge der einzelnen Bücher ist nicht unumstritten. Die Anlage ist planvoll in der handschriftlichen Reihenfolge: I: Wolken, Regen, Regenbogen, II: Luft, III: Wasser, IV: Hagel, Eis, Schnee (unvollständig) und V: Winde, VI: Luft als eine göttliche Weltkraft, VII: Kometen als eine göttliche Kraft („divina res"). Seneca steht mit dieser Thematik teilweise in der Tradition der peripatetischen Problemata-Literatur, zum anderen erfüllt er damit das traditionelle Postulat einer umfassenden Philosophie, die die als „Physik" bezeichnete Naturlehre einschließt, wie sie sowohl bei den Epikureern als auch bei den Stoikern ausgeführt worden war. Aber im Unterschied zur peripatetischen Problemata-Literatur stimmt Seneca mit Epikur auch darin überein, dass die Untersuchung der Naturphänomene ethisch relevant ist, und zwar in einem doppelten Sinn, nämlich darin, dass es angemessener für den Menschen ist, die Natur zu erforschen, als Kriege zu führen, und andererseits mit dem Ziel, der Mensch solle und könne seine Stelle im Ganzen der Natur erkennen und danach leben.

Manche Menschen haben ihre Kraft darauf verwendet, die Taten auswärtiger Könige zu beschreiben und zu schildern, was die Völker gelitten und unternommen haben [...] wie viel herrlicher ist es, die Werke der Götter zu feiern, als die Raubzüge eines Philipp oder Alexander (*nat.* III, praef.).

Seneca steht auch in dieser Schrift auf dem Boden der Stoa. Namentlich die Lehre des Poseidonios von der Natur ist, soweit die Überlieferungslage dies erkennen lässt, von Seneca rezipiert worden. Aber Seneca verwendet für die ihm wichtigen Phänomene Vorgänge aus dem römischen Bereich. Ein signifikantes Beispiel dafür ist das Erdbeben in Pompeji. Dieses Erdbeben geschah im Jahre 63 n. Chr., also etwa nur ein Jahr vor der Abfassung der *Naturales Quaestiones*. Seneca berichtet, dass sich das Erdbeben im Winter ereignete, was ganz untypisch ist, und dass auch die umliegende Gegend schwer betroffen sei (VI 1).

Dem großen Vesuvausbruch des Jahres 79 hat Seneca nicht mehr erlebt. Es kommt ihm darauf an zu veranschaulichen, dass vor dem Tod die Menschen alle gleich sind und dass man gegenüber einem Unglück, das jeden treffen kann, Mut fassen soll. Das Erdbeben ist für Seneca geradezu eine Metapher für eine auch seelische Erschütterung.

Alles ist dem gleichen Los unterworfen. Was noch nicht erschüttert wurde, kann noch erschüttert werden [...]. Alles unterliegt dem gleichen Gesetz und alles, was die Natur schuf, ist der Erschütterung unterworfen (VI 12).

Besonderes Interesse hat in der Forschung Senecas Lehre von den Kometen (Buch VIII) gefunden. Hier ist Poseidonios nicht die Quelle, jedenfalls nicht direkt.[11] Für Seneca steht wieder der ethische Aspekt ganz im Vordergrund. Die Frage, ob Kometen nur vergängliche Feuererscheinungen oder feste Körper sind, ist von nur sekundärem Interesse gegenüber der Erfahrung, dass es sich um etwas Ungewöhnliches handelt, das ebendeshalb die Aufmerksamkeit auf sich zieht, während das Gewohnte als Alltagserscheinung kaum beachtet wird. Die Frage, was nun eigentlich die Kometen sind, wird nicht mit letzter Eindeutigkeit beantwortet. Dafür entwickelt Seneca kühne Gedanken, die dazu beitragen können, das Phänomen der Kometen eindeutig zu erklären. Da ist scheinbar beiläufig von einem heliozentrischen Weltbild die Rede:

Auch wird es zur gründlichen Erforschung dieser Frage beitragen, wenn wir in Erfahrung bringen, ob die Welt sich um die stehende Erde dreht oder ob sich die Erde dreht, wenn die Welt stillsteht (VII 2,3).

Gern blickt Seneca in die Zukunft:

So werden diese Fragen erst von späteren Generationen gelöst werden. Es wird eine Zeit kommen, in der man sich wundern wird, dass so offensichtliche Tatsachen unbekannt waren [...]. Seien wir zufrieden mit dem, was wir gefunden haben. Einiges mögen dann spätere Generationen zur Erforschung der Wahrheit beitragen (III 30,4).

Die *Quaestiones naturales* kann man als eine Meteorologie bezeichnen. Im Unterschied zu thematisch ähnlichen Abhandlungen anderer Forscher und Philosophen bezieht Seneca durchweg das Verhalten der Menschen bei der Erscheinung der Himmelskörper ein. Er geißelt den Unverstand der Menschen, die sofort beunruhigt sind bei der Erscheinung einzelner, gerade auftretender Phänomene (zum Beispiel der Kometen) und darüber alles andere vergessen (VIII 5). Die menschliche Seele soll durch das Weltall schweifen, um dann geradezu mit Verachtung auf scheinbar stolzes Menschenwerk wie eine von Elfenbein glänzende Säulenhalle, getäfelte Decken und kunstvoll gestutzte Sträucher zu blicken (I 8). Die ganze Meteorologie Senecas ist in Relation zum Menschen, zur Erkenntnis seiner selbst und der daraus sich ergebenden Lebensmaximen konzipiert. Das Entscheidende ist, dass Himmelserscheinungen keine Botschaften eines Gottes an den Menschen darstellen, sondern natürliche Phänomene, die wissenschaftlich zu ergründen und als solche nicht zu fürchten sind.

Das leistet die Philosophie, die in der Konzeption Senecas die Erforschung der Natur einschließt. Die Erforschung der Naturerscheinungen ist kein Selbstzweck, sondern ein Beitrag zur Überwindung der Furcht und zum Erreichen einer inneren Festigkeit. Daher haben alle Äußerungen Senecas dazu etwas Drängendes, das Adressaten und Adressatinnen und damit das Lesepublikum im weitesten Sinn aufklären und zugleich zu einer charakterlichen Unerschütterlichkeit führen soll, wie es der stoischen Lehre über alle Modifikation hinweg im Kern entspricht.

Nicht ganz übereinstimmend zumindest mit der Lehre der älteren Stoa ist die Bewertung des Schicksals. Seneca hat mehrfach betont, dass es zum Wesentlichen im Menschenleben gehört, das Schicksal nicht abzuwarten, sondern sich über die Drohungen und Versprechungen des Schicksals zu erheben, im Namen und mithilfe der Philosophie (vgl. besonders III 13–14). Frei ist man nicht durch römisches Recht, sondern kraft des Naturgesetzes (III 16).

Diese negative Bewertung der Macht des Schicksals entspricht nicht der altstoischen Lehre, wonach Gott, Natur und Schicksal eine Einheit bilden. Aber schon Kleanthes, Panaitios und Poseidonios haben diese Gleichung gelockert und zwischen Gott und Schicksal unterschieden. Und Seneca selber hat mehrfach betont, dass er sich nicht abhängig von der Lehre der alten Stoiker sieht (Epist. 33,4). Das hängt auch mit den Erfahrungen der Schicksalsschläge zusammen, denen Seneca im hohen Maße ausgesetzt war.

Die Vermittlung der hellenistischen Philosophie durch Seneca ist drängender und essentieller als bei Cicero. Cicero legt die Systeme der hellenistischen Schulen deskriptiv dar, wenn auch nicht ohne Wertungen. Um eine derartige systematische Darlegung geht es Seneca nicht. Er lässt noch stärker als Cicero seine persönlichen Erfahrungen erkennen und in eine starke protreptische Wendung münden, die auch heute noch unmittelbar spürbar ist. Dabei übt Seneca scharfe Kritik an der Gegenwart.

Wir sind daran, die letzten Reste einer guten Sitte auszulöschen [...] schlaff und verweichlicht wiegen wir uns beim Gehen in den Hüften [...] wir behängen unsere Finger mit Ringen und an jedem Fingerglied prunkt ein Edelstein [...] wer hat noch Zeit für einen Philosophen? (VII 31-32).

# Die hellenistische Philosophie in der römischen Kaiserzeit[1]

Seneca hat am Ende seiner *Naturales Quaestiones* (VII 32) vehement darüber geklagt, dass es kein Interesse mehr an der Philosophie und generell an der Wissenschaft gebe. Die Philosophenschulen würden aus Mangel an Nachwuchs aussterben. Die Akademie verfüge über keinen Vertreter mehr. Dieses Urteil mag als Momentaufnahme aus der Sicht Senecas zutreffend sein. Und in der Tat gab es die vier großen Philosophenschulen mit der traditionellen Abfolge der Scholarchen nicht mehr. Aber die Philosophie war nicht tot, sondern nur stark zersplittert. An den verschiedensten Stellen des römischen Reiches gab es kleinere philosophische Schulen mit Impulsen unterschiedlicher Reichweite.

Auch hatten sich die Schwerpunkte verlagert. Was die Akademie betrifft, so gab es zwar weiterhin Kyniker und Skeptiker, vor allem aber eine Rückbesinnung auf die Anfänge, also auf Platon selber. Das beginnt mit Plutarch (45–ca. 125), der in Athen noch die Stätte einer philosophischen Ausbildung sah und dort auf dem aus Ägypten stammenden Ammonios traf, der sich in Athen etabliert hatte und mehrfach auch politische Ämter wahrnehmen konnte. Ammonios war Platoniker und unterrichtete vor einem privaten Gelehrtenkreis. Plutarch sah in ihm seinen philosophischen Lehrer (*De E apud Delphos* 385B). Aber es ist doch bezeichnend, dass Plutarch sich dann ganz in seine Heimat Chaironeia (in Böotien) zurückgezogen hat, um dort ein riesiges Werk zu verfassen und wohl auch eine Lehrtätigkeit aufzunehmen.

Neben den weiterhin bekannten *Parallelbiographien* (Gegenüberstellung von je einem Griechen mit einem Römer) hat er ein umfangreiches Werk von ca. 150 Schriften verfasst, in dem er sich als Platoniker bekannt hat. Der Schwerpunkt liegt im Bereich der praktischen Ethik mit Themen wie Kindererziehung, Eherecht, Gesundheitsvorsorge,

Tugenden der Frau, Lehrbarkeit der Tugend, Beherrschung von Affekten, Kinderliebe, Bruderliebe, Neugierde, Geschwätzigkeit, Neid und Hass. Durchweg argumentiert Plutarch als Platoniker mit gelegentlichen Anklängen an die stoische Philosophie.

Zu den Philosophen des 2. Jahrhunderts, die sich ausdrücklich zu Platon bekannt haben, gehört auch Apuleius von Madaura, in dessen Schriften Platon geradezu heroisiert wird. Charakteristisch ist für ihn (und andere Philosophen der gleichen Zeit) der unmittelbare Rückbegriff auf Platon und dessen Schriften auch in der Erörterung einzelner Themen und Lehren.[2]

Diese mit Plutarch einsetzende Phase hat man „Mittelplatonismus" genannt, der dann in den Neoplatonismus des 3. Jahrhunderts mündet, welcher insbesondere mit der überragenden Gestalt Plotins ganz auf Platon selber und dabei insbesondere auf seine Ontologie (Lehre vom Sein) gerichtet ist.

Was den Peripatos angeht, so hatte man seit der Mitte des 1. Jahrhunderts v. Chr. die vorher nur eingeschränkt bekannten Lehrschriften des Aristoteles durch die Edition des Alexander von Aphrodisias wieder zur Verfügung. Das war dann auch die Grundlage der im 2. Jahrhundert einsetzenden Kommentare zu den einzelnen Schriften, die für nahezu 500 Jahre ein Spiegelbild des jeweiligen Aristotelismus bildeten. Für den Rückbezug auf Aristoteles ist charakteristisch, dass die wahrscheinlich im 1. Jahrhundert n. Chr. entstandene Schrift *Über den Kosmos* mit deutlich stoischem Kolorit in der handschriftlichen Überlieferung Aristoteles als Autor nennt.

Die Stoa ist zweifellos diejenige philosophische Richtung, die römischem Denken und vor allem der römischen Politik am nächsten steht. Aber während die frühhellenistischen Stoiker Zenon und Chrysipp in Athen von staatlicher Seite hoch geehrt wurden, bildete sich in Rom im 1. Jahrhundert n. Chr. eine stoische Opposition mit deutlicher Kritik an sozialen und politischen Missständen im Namen der Philosophie heraus.[3] Das hat mehrfach zu Ausweisungen und zeitweisen Verbannungen geführt, die ihren Höhepunkt unter Domitian (Kaiser von 81 bis 96) erreichten. Einer solchen Verbannung fiel auch Gaius Musonius Rufus zum Opfer, der in Rom durch Vorlesungen über vermeintliche Güter wie Vergnügen, Besitz und Ruhm sowie über vermeintliche Übel wie Armut, Krankheit und Tod im stoischen Sinne und schließlich auch durch Friedensapelle sich in den Regierungskreisen unbeliebt gemacht hatte, jedoch im Exil auf der Insel Gyaros (südliche Kykladen) seine Vortragstätigkeit mutig fortführen konnte.[4] Musonius war Lehrer des bekannteren Stoikers Epiktet.

Epiktet (ca. 50–ca.130), dessen Schriften *Diatribai* („Unterredungen") und *Eucheiridion* („Handbüchlein") erhalten sind, hat wieder stärker die Logik und Physik als Teilgebiete der stoischen Philosophie einbezogen. Seine Hauptthese ist die, dass der Mensch als Teil des Kosmos über seine Vernunft walten und gestalten soll, dass er aber über seinen Körper insgesamt nicht frei verfügen kann. Der Mensch ist als soziales Wesen konzipiert, das innerhalb einer Gemeinschaft unabhängig von seinem sozialen Status zu wirken habe. Epiktet selber hat, als er nach Rom kam, als Sklave des Sekretärs von Kaiser Nero gearbeitet. Auch er fiel dem Verbannungsurteil unter Domitian im Jahre 95 zum Opfer. Die stoische Philosophie, konzipiert als konkrete Lebenshilfe innerhalb einer Gemeinschaft, musste – gerade auch als Heilmittel gegen die Gefährdungen des Lebens[5] – mit der offiziellen Politik in Konflikt geraten.

Das änderte sich im 2. Jahrhundert. Es ist die überragende Gestalt des Marcus Aurelius (Mark Aurel, 121–180), der sich selber als Stoiker verstand und in seinen skizzenhaften Aufzeichnungen (*Ad se ipsum, Zu sich selbst*) darüber Rechenschaft abgelegt hat. Als Kaiser (ab 161) suchte er im Sinne der stoischen Philosophie den einzelnen Menschen unabhängig von seinem Stand als Glied einer umfassenden, vom gleichen göttlichen Geist getragenen Menschheit zu erfassen. Anlässlich seiner Reise nach Athen – jetzt römische Provinz Achaia – im Jahre 171 stiftete er für jede der vier Philosophenschulen staatlich besoldete Lehrstühle, um die alte Tradition dort wieder lebendig werden zu lassen, wo die Philosophie zu Hause war, zumal sich ebenbürtige Philosophieschulen in Rom nicht etablieren konnten.[6] Diese Maßnahme zeigt zugleich, dass Athen nicht mehr das Zentrum der Philosophie war, es aber wieder werden sollte. Doch einen nachhaltigen Erfolg hatte die Stiftung der philosophischen Lehrstühle nicht.

Die stoische Philosophie war zur Zeit Mark Aurels in Rom durchaus angesehen und verbreitet. Das Neue war nur, dass ein Kaiser sich zu ihr bekannte und nach stoischer Überzeugung lebte und wirkte. Dabei hielt Mark Aurel an den Grundlehren der Stoa fest, wonach die Gemeinschaft der Menschen an der göttlichen Vernunft Anteil hat. Er hat aber in die stoische Lehre ein sonst für die Akademie charakteristisches skeptisches Element der Zurückhaltung eingeflochten, wonach bei jeder Handlung zu bedenken sei, dass es auch anders kommen könne als beabsichtigt. Dabei hat Mark Aurel seine stoisch-christliche Anschauung durchaus auch in Einklang mit den römischen Göttern gebracht, deren Verehrung ihm für den Zusammenhalt im Staat wichtig erschien. Aber er sah in ihren Erscheinungen das Wirken einer einzigen, universalen Gottheit im Menschen. Mit der Mahnung, dass der Mensch diesem in ihm wohnenden göttlichen Element folgen solle, konnte er die römische Religion mit der stoischen Philosophie und den Grundsätzen des Christentums zu einer widerspruchsfreien Gesamtanschauung verbinden.

Aber auch Elemente epikureischer Philosophie sind in der generell staatstragenden römischen Gesellschaft der Kaiserzeit zu finden. Ihr letzter großer Vertreter war Philodem im 1. Jahrhundert v. Chr., der noch ganz in Athen und von Athen aus wirken konnte, dessen umfangreiches Werk allerdings über die philosophische Positionierung im epikureischen Sinn nicht hinausgeht.

Aber die epikureische Philosophie war auch in der römischen Kaiserzeit präsent, wenn ihre Elemente auch schwer zu fassen sind.[7] Dabei geht es nicht nur um die Übernahme einzelner Positionen, wie die Lehre von der unmittelbaren Wahrheit der Sinneseindrücke, die Preisung der Seelenruhe und der Freundschaft und um den Rückzug von der Politik durch Enttäuschte oder Ausgegrenzte, sondern um die epikureische Philosophie im Ganzen.[8] Es dominiert in der Kaiserzeit die Kritik an der epikureischen Philosophie, die gerade in ihrer Schärfe auf einen noch lebendigen Epikureismus schließen lässt.[9]

Schon Plutarch hatte mehrere Schriften verfasst, in denen er scharf gegen die ethischen Lehren der Epikureer polemisiert, nach denen man eigentlich gar nicht lustvoll (ἡδέως) leben könne. Und im 2. Jahrhundert n. Chr. war es dann der berühmte Arzt Galen (129–199), für den der Arzt in ganzheitlicher Betrachtung zugleich auch Philosoph sein soll. Da war ihm die Auseinandersetzung mit der epikureischen Ethik wichtig, die er in mehreren (verlorenen) Schriften geführt hat, deren Titel erhalten sind. Neben anderen Autoren des 2. und 3. Jahrhunderts (Theophilos von Antiochien,

Tertullian, Clemens von Alexandrien), die sich mit Epikur auseinandergesetzt haben, zeugt auch die Tatsache, dass Mark Aurel bei der Stiftung der philosophische Lehrstühle in Athen die epikureische Schule nicht übergangen hat, für die anhaltende Präsens der epikureischen Philosophie.

Im Rahmen der Auseinandersetzung mit der hellenistischen Philosophie haben Stoa und Epikureer dies gemeinsam, dass sie diesseitig orientiert und mit dem Anspruch verbunden sind, Lebenshilfe zu bieten. Das gilt bis zu einem gewissen Grad auch für die Rezeption der platonischen Philosophie, die dann aber ganz als Vorbereitung („praeparatio") für eine im Neuplatonismus kulminierende Orientierung an den (jenseitigen) Prinzipien des Seins in Anspruch genommen wird.[10] Umso bemerkenswerter ist es, dass später (im 6. Jahrhundert n. Chr.) Boethius als Christ in seinem bedeutenden und wirkungsmächtigen Werk *Philosophiae consolatio* (verfasst im Jahre 524) den Trost, den er in der konkreten Situation seiner Inhaftierung sucht, in einer an Platon und Aristoteles orientierten Philosophie findet, während er Stoiker und Epikureer „Pöbel" nennt (I 3, „Epicurorum vulgus ac Stoicorum") und die Lustlehre Epikurs scharf ablehnt. Das in der regelmäßigen Abfolge von Prosa- und Verspartien gestaltete Werk hat unverkennbar einen autobiographischen Charakter, geht aber in der literarischen Fiktion mit dem Anspruch auf Allgemeingültigkeit darüber hinaus.[11] Der im Text Angesprochene soll nicht erstmals für die Philosophie gewonnen werden, sondern zur Beschäftigung mit ihr zurückkehren. Die Gedankenfolge wird als ein Heilungsprozess eines seelisch Kranken entwickelt. Die Erinnerung an früher Gewusstes stellt Boethius in Anlehnung an die platonische Anamnesislehre dar, wonach Lernen Erinnerung an früher Gewusstes bedeutet. Trost wird nicht in der platonischen, stoischen oder epikureischen Philosophie gesucht, sondern in der Ontologie Platons. Aber es kommt eine persönliche Komponente hinzu. So wie Sokrates im Kerker bis zu seinem Ende der Philosophie, wie er sie verstand, die Treue hielt, sieht sich Boethius in der gleichen Situation. Die Lebendigkeit der antiken Philosophie wird hier noch einmal Wirklichkeit.

Wenige Jahre später – im Jahr 529 – untersagte Justinian den Lehrbetrieb vor allem der Akademie und ließ kurz darauf die Philosophieschulen in Athen durch kaiserliches Edikt schließen.

Dieser ganz summarische Überblick über die traditionellen Philosophieschulen und -richtungen zeigt, dass ihr Gedankengut in unterschiedlichem Ausmaß in der römischen Kaiserzeit präsent ist. Während der Peripatos die jeweils aktuellen Diskussionen überhaupt nicht erreicht und der Epikureismus eher latent wirksam ist, sind es Stoa und Platonismus, deren Lehren im Vordergrund stehen. Bei alledem geht es auch um die alte Frage des geglückten Lebens in diesseitiger Orientierung. Was den Platonismus betrifft, so ist ein auffälliger Rückgriff auf Platon selber zu konstatieren. Diese Tendenz trägt zu einer Rückbesinnung auf die Philosophie als Ganzes bei. Ihren sichtbarsten Ausdruck findet diese philosophiehistorische Perspektive in dem umfassenden Werk *Leben und Lehren berühmter Philosophen* von Diogenes Laertius, das vielleicht schon gegen Ende des 2. Jahrhunderts n. Chr., spätestens aber in der ersten Hälfte des 3. Jahrhunderts erschienen ist.

Leider weiß man über die Umstände, unter denen Diogenes sein Werk verfasst hat, fast nichts. Es ist einer „Liebhaberin Platons" gewidmet (3,47), aber die Widmung steht nicht am Anfang des Werkes, noch nicht einmal am Anfang des Kapitels über Platon, sondern in dessen Mitte. Gleichwohl stimmt Diogenes mit der Platonliebhaberin insofern überein, als er selber in seinen gelegentlichen Wertungen Platon weit über Aristoteles stellt und so mit der allgemeinen Tendenz dieser Zeit übereinstimmt. Leider ist auch unbekannt, wo Diogenes sein Werk verfasst hat und welches Lesepublikum er im Auge hatte. Diese umfassende Darstellung der Philosophie kann kaum in der Abgeschiedenheit einer Provinz entstanden sein. Denn Diogenes hat ein umfangreiches Quellenmaterial ausfindig gemacht und ausgewertet, das sicher nicht überall zur Verfügung stand.

Was die hellenistische Philosophie betrifft, so wüsste man heute ohne Diogenes sehr viel weniger. Er hat in beträchtlichem Maße auch längere Texte von Epikur und von Zenon im Wortlaut mitgeteilt, so die Briefe Epikurs und dessen „gültige Lehrsätze." Mit sicher absichtlicher Wertung hat er das ganze letzte Buch (Buch X) seines Werkes der Philosophie Epikurs vorbehalten. Jedenfalls wäre unsere Kenntnis der hellenistischen Philosophie ohne Diogenes sehr viel geringer. Leider weiß man nicht, wo und wie diese umfassende Darstellung der griechischen Philosophie unmittelbar aufgenommen worden ist.

Nach Diogenes ist es dann der schon dem 4. Jahrhundert zuzuordnende Johannes Stobaios, dessen *Anthologion* eine in vier Bücher eingeteilte Sammlung von Exzerpten aus dem Bereich der Philosophie enthält. Offensichtlich hat Stobaios sein umfangreiches, nur teilweise erhaltenes Werk so angeordnet, wie es im Bereich der hellenistischen Philosophie üblich war, und zwar in der Reihenfolge Logik, Physik und Ethik.[12]

Während die platonischen und aristotelischen Schriften unmittelbar zugänglich sind, ist man für die hellenistische Philosophie auf Autoren wie Diogenes Laertius und Stobaios angewiesen, ohne die das Bild ganz unvollkommen wäre, das man von der hellenistischen Philosophie haben kann.

# Ausblick

Die weitere Rezeption der hellenistischen Philosophie ist kompliziert und vielschichtig. Sie ist – wie die griechische Philosophie generell – vom frühen Christentum nicht zu trennen. Die Auseinandersetzung erfolgt von christlicher Seite jedoch vor allem mit Platon, weil es bei ihm wie bei den Christen um eine transzendente Letztbegründung geht. Was die hellenistische Philosophie betrifft, so steht von christlicher Seite aus die Kritik an der epikureischen Lustlehre im Vordergrund. Dabei wird im Neuen Testament die Lust ohne den Kontext, in dem sie bei Epikur steht, isoliert und ganz generell als Sünde abgelehnt.[1] Die Pflicht ist dann die Hinwendung zu Gott und zu einem Gott geweihten Leben. Insgesamt hatten die Christen zunächst keine wirklich einheitliche Lehre, sondern waren in verschiedene Richtungen aufgespalten.[2] Da sie aber im Ganzen so stark wurden, dass sie als Bedrohung für die Stabilität des römischen Reiches empfunden werden konnten, gab es trotz der Christenverfolgungen immer wieder Bemühungen, die christliche Lehre mit dem heidnischen Glauben zu versöhnen.[3] Dabei kann dann, sofern überhaupt die Philosophie im Blick ist, von einer Rezeption Platons, aber kaum der hellenistischen Philosophie die Rede sein. Die durchweg negative Beurteilung der epikureischen Lustlehre in Spätantike und Mittelalter kommt auch bei Dante (1265–1321) zum Ausdruck, wenn er es als Irrtum bezeichnet, dass die ganze Seele sich nur auf Lust und Schmerz einstellen würde (*Convivio* II 4, 1–4). Dass damit die Lehre Epikurs gemeint ist, unterliegt keinem Zweifel.

Die hellenistischen Philosophieschulen werden dann von Dante direkt genannt, wenn er auf die „höchste Glückseligkeit" („beatitudo per summa") zu sprechen kommt. Unter ausdrücklichem Bezug auf das Marcus-Evangelium greift Dante den Bericht auf, wonach die drei Jungfrauen Maria Magdalena, Maria Jacobi und Maria Salome das Grab von Jesus aufsuchten, es aber leer fanden. Dann heißt es weiter:

> Diese drei Frauen kann man als die drei Schulen des aktiven Lebens verstehen, d. h. die Epikureer, die Stoiker und die Peripatetiker, die zum Grab gehen, d. h. zur gegenwärtigen Welt, die ein Behältnis vergänglicher Dinge ist (*Convivio* IV 12, 15; Übersetzung von Thomas Ricklin).

Die Akademie wird hier nicht genannt, weil ihre Philosophie – gerade auch in der Auseinandersetzung mit Platon zur Zeit Dantes – nicht ein aktives, diesseitiges Leben vertritt. Festzuhalten bleibt, dass es zur Zeit Dantes ein Bewusstsein von der hellenistischen Philosophie in der Form von Schulen gab.

Generell wird nicht nur die Lustlehre Epikurs kritisiert, sondern auch die stoische Philosophie, im Namen des Christentums. Hier ist es vor allem Augustinus (354–430), der die stoische Konzeption, der Mensch könne sich ganz auf seine Rationalität verlassen, kritisiert. Diese kritische Distanz ist dann generell bezeichnend für die Stellung des Christentums der Stoa gegenüber geworden. Nicht die menschliche „ratio", sondern Gott ist die höchste Instanz. Immer wieder hat Augustin eine scharfe Trennung zwischen innerweltlichen Tugenden und Gott gezogen.

Eine breite, nicht von eigenen Positionen überschattete Rezeption der hellenistischen Philosophie und dabei insbesondere der stoischen und epikureischen Lehre erfolgt in Humanismus und Renaissance (ab ca. 1400).[4] Dabei spielt die Rückwendung zu den Quellen („ad fontes") als Kritik an mittelalterlichen Adaptionen eine entscheidende Rolle, ermöglicht durch neue Editionen und durch Übersetzungen griechischer Texte ins Lateinische, sodass man mit Editionen auch des Lehrgedichtes von Lukrez und darüber hinaus der Darstellung von Leben und Werk der Philosophen durch Diogenes Laertius auf weite Strecken hin nicht mehr auf sekundäre Quellen angewiesen war. Jetzt erscheinen auch philosophische Lexika, die die hellenistischen Philosophen unvoreingenommen zu erfassen suchen, so das *Lexicon philosophicum* von Johannes Michaelis (1653), in dem als Lehre Epikurs die Bestimmung der Lust als höchstes Gut, soweit sie ohne „Vergehen" (sic) erlangt werden kann, ferner die Vielzahl der Welten und die allgemeine Kontingenz (Zufall in der Weltenbildung) genannt werden. Und für die stoische Philosophie ist auf das Werk *Manductio ad Stoicam philosophiam* (1604) von Justus Lipsius hinzuweisen, in dem nach einem Überblick über die antiken Philosophieschulen umfassend die Stoa dargestellt ist. Ergänzend tritt der Dialog *De constantia* hinzu, in dem Lipsius insbesondere die stoische Lehre vom Schicksal in deutlicher Anlehnung an Seneca behandelt hat.

Trotz dieser Bemühungen, die hellenistische Philosophie im Rahmen der gesamten griechischen Philosophie als Ganzes wieder zu gewinnen, sind immer wieder die Schlüsselworte der stoischen und epikureischen Lehre isoliert von ihrem ursprünglichen Kontext erörtert worden. Tatsächlich lassen sich Begriffe wie Lust, Schmerz und Pflicht viel besser aus ihrem Systemzusammenhang lösen als einzelne Elemente der platonischen oder aristotelischen Philosophie. Überhaupt besteht das Innovative der hellenistischen Philosophie in den Konzeptionen von Stoa und Epikur und nicht in den hellenistischen Positionen von Akademie und Peripatos.

So lebt der stoische Pflichtbegriff vor allem bei Kant in dessen *Metaphysik der Sitten* weiter und die epikureische Lustkonzeption in allen Varianten eines seit dem 19. Jahrhundert ausgebildeten Hedonismus.[5] Stoiker und Epikureer haben sich – im Unterschied zu Akademie und Peripatos – gegenseitig bekämpft, weisen aber doch epochenspezifische Gemeinsamkeiten auf. Beide sind betont diesseitig orientiert und suchen Wege für eine beständige Unerschütterlichkeit („Ataraxia") des einzelnen Menschen mit dem Ziel der Verwirklichung eines Lebensplanes, der zur „Eudämonie" führen soll.[6] Beide Seiten denken über den Raum der Polis hinaus, beide wollen den Menschen davor bewahren, schutzlos dem Schicksal ausgeliefert zu sein. Dass diese stoischen und epikureischen Konzepte Elemente einer hellenistischen Philosophie sind, kann natürlich erst voll zum Bewusstsein gelangen, nachdem ein umfassender Begriff von Hellenismus auch im historischen Sinn erarbeitet worden ist, also im 19. Jahrhundert auf Grund der Arbeiten von Gustav Droysen (vgl. S. 13). Erst danach grenzen auch die Philosophiegeschichten eine spezifisch hellenistische Philosophie ab, so zuerst bei Friedrich Ueberweg (1862), dann in allen weiteren Auflagen und Bearbeitungen dieses Werkes durch Karl Praechter (13. Auflage 1953) bis hin zur völligen Neubearbeitung des „Ueberweg" in der *Philosophie der Antike*, Basel 4/1 und 2 (1994).

# Anmerkungen

## *Hellenistische Philosophie - Begriff und Sache*

1 Vgl. Rudolf KASSEL, *Die Abgrenzung des Hellenismus in der griechischen Literaturgeschichte,* Berlin: 1987; mit dem Hinweis, dass es schon vor Droysen Überlegungen gab, mit dem Namen Hellenismus eine eigenständige Epoche zu markieren. Zur Einteilung der Epoche des Hellenismus vgl. auch Malte HOSSENFELDER, *Die Philosophie der Antike,* Band 3, München: 1995, 11-13. Zu Athen als Ort der Philosophie auch im Hellenismus vgl. Christian HABICHT, „Hellenistic Athens and her Philosophers", in: *David Magie Lecture, Princeton University,* Princeton, NJ: 1988, 1-22.

2 Vgl. dazu Martin HOSE, „‚Rückzug ins Private'? Zu einer vermeintlichen Signatur Hellenistischer Literatur", in: *Hermes* 138, 2010, 403-418.

3 Vgl. dazu Martin PAZDERA, *Getreide für Griechenland,* Berlin: 2006 (ursprünglich Dissertation, München: 2013).

4 Ausführlich nachgewiesen von Wolfram HOEPFNER, *Philosophenwege,* Konstanz: 2018, hier: 87-89.

## *Epikur und seine Schule*

1 Zu Epikur mit ausführlichen Belegen vgl. Michael ERLER, *Epicurus. An Introduction to his Practical Ethics and Politics,* Basel: 2020. Ferner: Dorothee KIMMICH, *Epikureische Aufklärungen,* Darmstadt: 1993; Heinz-Michael BARTLING, *Epikur. Theorie der Lebenskunst,* Cuxhaven: 1994; und James WARREN, *The Cambridge Compendium to Epicurianism,* Cambridge: 2009 (zwei Bände mit engl. Übersetzung und Kommentar).

2 Vgl. Anke MANUWALD, *Die Prolepsislehre Epikurs,* Bonn: 1972.

3 Publikation der Dissertation mit ausführlichem Kommentar durch das Institut für Marxismus-Leninismus (Berlin) und durch die Friedrich Schiller-Universität Jena (mehrere Herausgeber), Berlin: 1983. Die Exzerpte aus *De anima* sind publiziert in: Karl MARX, Friedrich ENGELS, MEGA IV 1, 156-182.

4 Zu den Einzelheiten vgl. Dietrich LEMBKE, *Die Theologie Epikurs,* München: 1973.

5 Über Epikurs Ethik informiert am ausführlichsten der *Brief an Menoikos.* Vgl. dazu den gründlichen Kommentar von Jan Erik HESSLER, *Epikur,* Basel: 2014.

6 Die philosophischen Vorstufen der epikureischen Lehre von der Lust werden ausführlich behandelt bei Reimar MÜLLER, *Die epikureische Ethik,* Berlin: 1991; und Malte HOSSENFELDER, *Epikur,* 29-51. Zur hedonistischen Tradition nach Epikur vgl. Hans Joachim KRÄMER, „Epikur und die hedonistische Tradition", in: *Gymnasium* 87, 1980, 294-326.

7 Zu Aristipp vgl. Klaus DÖRING, in: Hellmut FLASHAR (Hg.), *Die Philosophie der Antike,* Band 2/1, Basel: 1998, 245-269.

8 So HOSSENFELDER, *Epikur,* 30.

9 Diogenes Laertius X, *Brief an Menoikos,* 132.

10 Hippokrates, *Über die Winde* 14, VI 114. In der Schrift *Über die alte Krankheit* wird die Gesundheit des Körpers mit der Meeresstille verglichen.

11 Ausführliche Darstellung bei Dorothee KIMMICH, 1993, 39-44.

## *Die Stoa*

1 Edition der Fragmente: Hans von ARNIM (Hg.), *Stoicorum Veterum Fragmenta* (SVF), Leipzig: 1938; und Karlheinz HÜLSER (Hg.), *Fragmente zur Dialektik der Stoiker,* Stuttgart: 1987-1988.

2 Auch in dem Kapitel über Zenon von Diogenes Laertius (VII 1-81) werden wiederholt Anschauungen späterer Stoiker (vor allem Chrysipps) eingeflochten.

3 Zu den Einzelheiten vgl. Woldemar GÖRLER, „ἀσθενὴς συγ'κατάθεσις. Zur stoischen Erkenntnistheorie", in: *Würzburger Jahrbücher* NF. 3, 1977, 83-104.

4 Ausführliche Analyse der stoischen (und aristotelischen) Grammatik bei Arbogast SCHMITT, *Aristoteles. Werke in deutscher Übersetzung,* Band 5: *Poetik,* Berlin: 2008, 605-622; und bei Maximilian FORSCHNER, *Die Philosophie der Stoa,* Darmstadt: 2018, 36-63.

5 Diogenes Laertius behandelt die Oikeiosislehre in dem Kapitel „Über Zenon" (VII 84-89) und bemerkt, dass Zenon die Sache einfach dargelegt und spätere Stoiker diese Lehre weiter differenziert hätten.

6 Vgl. die ausführliche Darstellung bei Peter STEINMETZ, „Die Stoa", in: Hellmut FLASHAR (Hg.), *Die Philosophie der Antike,* Band 4/2. Basel: 1994, 491-716, hier 555-583.

7 Sammlung der Fragmente mit ausführlichen Interpretationen bei P. Modestus van STRAATEN, *Panétius,* Amsterdam: 1956.

8 Vgl. dazu Hatto H. SCHMITT, *Rom und Rhodos,* München: 1957 (Münchner Beiträge zur Papyrusforschung und zur antiken Rechtsgeschichte 40).

9 Kritisch gegenüber einem fest etablierten Scipionenkreis: Hermann STRASBURGER, „Der ‚Scipionenkreis'", in: *Hermes* 94, 1966, 60-72. Positivere Wertung bei Karlhans ABEL, „Die kulturelle Mission des Panaitios", in: *Antike und Abendland* 17, 1971, 119-143. Ausgewogene Wertung bei STEINMETZ, 1994, 647.

10 Zu den Einzelheiten vgl. Klaus ZIMMERMANN, *Rom und Karthago,* Darmstadt: 2005, hier: 140-146.

11 Mit Recht nimmt STEINMETZ (1994, 657) diese durch Cicero vermittelte Lehre für Panaitios in Anspruch. Einzelanalysen auch bei Hans Armin GÄRTNER,

„Cicero und Panaitios", in: *Sitzungsbericht der Heidelberger Akademie der Wissenschaften* 5, 1974.

12 τὰ περὶ καθήκοντος, quatenus Panaitius, absolvi duobus. Illius tres sunt (Frgm. 34 van STRAATEN).

13 Ausführliche Erörterungen dazu bei Fritz-Arthur STEINMETZ, *Die Freundschaftslehre des Panaitios nach einer Analyse von Ciceros* Laelius de amicitia, Wiesbaden 1967 (Palingenesia 3)

14 Fragmentsammlungen: Ludwig EDELSTEIN, Jan KIDD (Hg.), *Poseidonios. The Fragments* 1, 1972, 2 (Kommentar) 1988; Willy THEILER (Hg.), *Poseidonios. Die Fragmente,* 1 Texte, 2 Erläuterungen, Berlin: 1982. Während sich die Sammlung von Edelstein/Kidd in der Aufnahme von Fragmenten streng an Texte hält, die ausdrücklich für Poseidonios bezeugt sind, sind in der Sammlung von Theiler auch Texte enthalten, bei denen die Autorschaft des Poseidonios nicht direkt bezeugt ist.

15 CICERO, *De natura deorum,* II 140 (auf Poseidonios zurückgehend).

16 Ausführliche Diskussion bei Kurt BAYERTZ, *Der aufrechte Gang,* München: 2012.

17 Kurze Darlegung der „poseidonischen Frage" bei Peter STEINMETZ, 1994, 677-681, der nicht weniger als 365 Arbeiten (Sekundärliteratur) zu Poseidonios verzeichnet.

18 So zuerst in: *Poseidonios,* München: 1921. Dann in: *Kosmos und Sympathie,* München: 1926. Schließlich hat REINHARDT in bewundernswerter Objektivität den Artikel „Poseidonios" in der RE (*Realenzyklopedie der klassischen Altertumswissenschaft*) Sonderpublikation 1954 verfasst.

19 Olof Gigon in seiner Rezension zu Georg Pfligersdorfers *Studien zu Poseidonios* (Wien 1959): Olof GIGON, *Studien zur antiken Philosophie,* Berlin: 1972, 258-267 (Nachdruck der Rezension in: *Archiv für Geschichte der Philosophie* 44, 1962, 90-98).

20 So bei Marie LAFFRANQUE, *Poseidonios d'Apamée,* Paris: 1964.

21 Überzeugend zeigt Klaus Bringmann die Interdependenz von Geschichtsforschung und Ethik (Ethik hier im Sinne der Psychologie) auf: „Der Historiker Poseidonios ist ohne den Psychologen und Anthropologen nicht zu verstehen." Klaus BRINGMANN, „Geschichte und Psychologie bei Poseidonios", in: *Aspects de la philosophie Hellénistique. Entretiens de la Fondation Hardt* 21, 1985, 30.

## *Kyniker und Skeptiker*

1 Für die Kyniker insgesamt ist instruktiv die Darstellung von Klaus DÖRING, in Hellmut FLASHAR (Hg.), *Die Philosophie der Antike,* Band 2/1, Basel: 1998, 267-321.

2 Über das Datum, an dem Diogenes nach Athen gekommen ist, gibt es eine lange Kontroverse, vgl. dazu Klaus DÖRING (wie Anm. 1) 282-284.

3 Überblick bei Klaus Döring (wie Anm. 1) 295-321.

4 Zum Werk Lukians im Ganzen vgl. Manuel BAUMBACH, Peter von MOELLENDORFF, *Ein literarischer Prometheus,* Heidelberg: 2017.

5 Vgl. zu dieser Entwicklung Heinrich NIEHUES-PRÖBSTING, *Der Kynismus des Diogenes und der Begriff des Zynismus,* München: 1979.

6 Ausführliche Darstellung bei Friedo RICKEN, *Antike Skeptiker,* München: 1994. Über die Wurzeln des Skeptizismus in der griechischen Literatur wichtig auch Andreas GRAESER, „Bemerkungen zum antiken Skeptizismus", in: *Allgemeine Zeitschrift für Philosophie* 3, 1978, 22-44.

7 Decleva LAIZZI, *Pirrane. Testimonianze,* Napoli: 1981. Ausführliche Darstellung der Skepsis bei Woldemar GÖRLER, in: Hellmut FLASHAR (Hg.), *Die Philosophie der Antike,* Band 4, Basel: 1994, 721-774; Malte HOSSENFELDER, *Die Philosophie der Antike,* München: [2]1985, 147-182; und Friedo RICKEN, *Antike Skeptiker,* München: 1994.

8 Ausführliche Darstellung bei Fritz WEHRLI, Georg WÖHRLE, Leonid ZHMUD, in: Hellmut FLASHAR (Hg.), *Die Philosophie der Antike,* Band 3, Basel: 2004, 493-670.

9 Die Quelle für diese Vorgänge ist der im Wesentlichen zutreffende Bericht des Geographen Strabon (63 v. Chr.-23 n. Chr.), *Geographica* 13,1.

## *Akademie und Peripatos im Hellenismus*

1 Eine Analyse der Situation der Philosophie im Jahrzehnt 270-260 v. Chr. gibt Peter STEINMETZ, „Die Krise der Philosophie in der Zeit des Hellenismus", in: *Antike und Abendland* 15, 1969, 122-134. Nachdruck in: Peter STEINMETZ, *Kleine Schriften,* hrsg. von Severin KOSTER, Stuttgart: 2000, 172-184. Die (modernen) Einteilungen in Alte, Mittlere und Neue Akademie sowie Alte, Mittlere und Neue Stoa habe ich bewusst nicht übernommen.

2 Zu Arkesilaos und Antiochos vgl. Woldemar GÖRLER, in: Hellmut FLASHAR (Hg.), *Die Philosophie der Antike,* Band 4/2 1994, 786-980; instruktiv auch Olof GIGON, „Zur Geschichte der sogenannten Neuen Akademie", in: (ders.), *Studien zur antiken Philosophie,* Bern: 1972, 412-431.

3 Zum Werk Theophrasts jetzt Georg WÖHRLE, *Theophrast von Eresos,* Trier: 2019.

## *Die Rezeption der hellenistischen Philosophie in Rom*

1 Zu den Einzelheiten vgl. Werner SUERBAUM, in: *Handbuch der Lateinischen Literatur der Antike,* Band 1, München: 2002, 83-142; und Jürgen BLÄNSDORF, Ekkehard STÄRK, ebenda 143-276. Ferner: Gregor MAURACH, *Geschichte der römischen Philosophie,* Darmstadt: [2]2006; Gernot MÜLLER, Fosca Marianzi ZINI (Hg.), *Philosophie in Rom - römische Philosophie?,* Berlin: 2018.

2 PLAUTUS, *Mostellaria,* 63.

3 Über die historischen Vorgänge um Oropos informiert Pausanias VII 11-12.

4 Zur Problematik der Gestalt des Publius Cornelius Scipio Aemilianus vgl. Michael ZAHNT, „Der intrigante Enkel“, in: Karl Joachim HÖLKESKAMP, Elke STEIN-HÖLKESKAMP (Hg.), *Von Romulus zu Augustus,* München: 2000, 159–171.

5 Der Begriff der Einbürgerung der Philosophie in Rom stammt von Richard HARDER, in: *Die Antike* 5, 1929, 291–316, Nachdruck in: (ders.), *Kleine Schriften,* München: 1960, 390–353.

6 Vgl. den Bericht bei PLUTARCH, *Sulla* 12–14.

7 Vgl. Tonio HÖLSCHER, „Athen - die Polis als Raum der Erinnerung“, in: Karl Joachim HÖLKESKAMP, Elke STEIN-HÖLKESKAMP (Hg.), *Die griechische Welt,* München: 2010, 128–150.

8 CICERO, *De finibus bonorum et malorum* V 2. Cicero legt diese Worte seinem Freund Marcus Pupius Piso in den Mund, es kann aber kein Zweifel sein, dass sich darin die Meinung Ciceros ausdrückt.

## *Lukrez*

1 Zu allen Problemen der Lukrez-Forschung vgl. Michael ERLER, in: Hellmut FLASHAR (Hg.), *Die Philosophie der Antike,* Band 4, Basel: 1994, 381–481. Sehr instruktiv auch: Gregor MAURACH, *Geschichte der römischen Philosophie,* Darmstadt: ³2006, 28–49. Ausführliche Bibliographie bei Marcus DEFERT, *Kritischer Kommentar zu Lukrezens* De rerum natura, Berlin: 2018. Ferner: Algra KEIMPKE (Hg.), *Lucretius and his intellectual background,* Amsterdam: 1997.

2 Zu vermeintlicher Kritik an den Stoikern vgl. David J. FURLEY, „Lucretius and the Stoics“, in: *Bulletin of the Institute of Classical Studies* 13, 1966, 13–33.

3 Zu diesen Beweislehren vgl. Michael ERLER, „Beweisführung bei Lukrez“, in: Gernot Michael MÜLLER, Fasca Mariani ZINI (Hg.), *Philosophie in Rom - römische Philosophie?,* Berlin: 2018, 175–180.

## *Cicero*

1 Umfassende Darstellung mit allen Belegen bei Günther GAWLICK, Woldemar GÖRLER, „Cicero“, in: Hellmut FLASHAR (Hg.), *Die Philosophie der Antike,* Band 4, Basel: 1994, 995–1168. Instruktiv auch Gregor MAURACH, *Geschichte der römischen Philosophie,* Darmstadt: ³2006, über Cicero, 53–76. Zum Verhältnis der philosophischen Wirklichkeit vgl. Wolfgang SCHULLER, *Cicero,* München: 2013, hier das Kapitel: „Philosophie gegen Alleinherrschaft“ (176–186). Ferner Bernhard ZIMMERMANN (Hg.), *Cicero, Politiker, Redner, Philosoph,* Freiburg: 2017, besonders das Kapitel: „Cicero und die Griechen“ (117–133).

2 *De oratore* 55, *De re publica* 54, *De legibus* (genaue Datierung nicht ermittelbar), *Brutus* 46; *Orator* 46, *Academica* 46, *De finibus bonorum et malorum* 45, *Tuscula-*

*nen* 45, *De natura deorum* 45, *De divinatione* 45, *De fato* 44, *Cato maior de senectute* 44, *Laelius de amicitia* 44, *De officiis* 44.

3 Sehr instruktiv dazu Olof GIGON, „Cicero und die griechische Philosophie", in: (ders.), *Die antike Philosophie als Maßstab und Realität*, Zürich: 1977, 162–207. Zur Verbindung der philosophischen Schriften mit der Aktivität Ciceros als Redner vgl. Wilfried STROH, *Cicero. Redner, Staatsmann, Philosoph*, München: 2008.

4 Zu den Einzelproblemen in *De re publica* vgl. die differenzierte Einzelanalyse bei Olof GIGON, „Studien zu Ciceros *De re publica*", in: (ders.), *Die antike Philosophie als Maßstab und Realität*, 208–355. Zur Szenerie des Traumes, den Scipio berichtet, vgl. Herwig GÖRGEMANNS, „Die Bedeutung der Traumeinkleidung im *Somnium Scipionis*", in: *Wiener Studien* 81, 1968, 46–69.

5 Cicero sagt über den Peripatos ausdrücklich: „Wir dürfen uns mit den beiden genannten Schulhäuptern (Aristoteles und Theophrast) begnügen" (*fin.* V 13).

6 Vgl. dazu Jürgen LEONHARDT, *Ciceros Kritik der Philosophieschulen*, München: 1989 (Zetemata 103).

7 Zum zweiten Buch von *De finibus* vgl. die ausführliche Analyse von LEONHARDT, 89–133.

8 Interpretation der ganzen Schrift unter Berücksichtigung der persönlichen Situation Ciceros gibt Eckard LEVÈVRE, *Philosophie unter der Tyrannis*, Heidelberg: 2008.

9 Einzelanalyse bei Hildebrecht HOMMEL, „Ciceros Gebetshymnus an die Philosophie. Tusculanen V 5", in: *Sitzung bei d. Heidelberger Akad. der Wissenschaften, phil.-hist. Klasse 3*, 1968.

10 Zu dieser Schrift vgl. Meinolf VIELBERG, „Philosophie und Religion in Ciceros Schrift *De divinatione*", in: *Gymnasium* 12, 2019, 42–71.

11 Zu dieser Schrift Konrad HELDMANN, „Ciceros *Laelius* und die Grenzen der Freundschaft", in: *Hermes* 104, 1976, 72–103.

12 Zu dieser Schrift Ulrich KNOCHE, „Ciceros Dialog über das Alter", in: (ders.), *Ausgewählte kleine Schriften*, Frankfurt, 1986, 136–153.

13 Eingehnde Interpretation durch Magnus SCHNALLENBERG, *Freiheit und Determinismus*, Berlin: 2008. Es ist ein philosophischer Kommentar zu Ciceros Schrift *De fato*.

14 Ausführlich dazu Eckard LEFÈVRE, *Panaitios und Ciceros Pflichtenlehre*, Stuttgart: 2001 (Hermes-Einzelschriften 150).

## *Seneca*

1 Zu Seneca in der römischen Politik und Gesellschaft vgl. Manfred FUHRMANN, *Seneca und Kaiser Nero*, Berlin: 1997. Instruktiv gerade auch für die philosophischen Schriften: Gregor MAURACH, *Seneca. Leben und Werk*, Darmstadt: [6]2013; sowie MAURACH (Hg.), *Seneca als Philosoph*, Darmstadt: 1975.

2 Text, Übersetzung und Kommentar von Allan A. LUND, *Apocolocynthosis Divi Claudii*, Heidelberg: 1994. Dass diese Schrift überhaupt von Seneca stammt, bezweifelt Niklas HOLZBERG, „Racheakt und negativer Fürstenspiegel oder literarische Maskerade“, in: *Gymnasium* 123, 2016, 321-329.

3 Zur Eigenart der Dialoge vgl. Karlhans ABEL, „Die ‚beweisende‘ Struktur des Senecanischen Dialoges“, in: *Entretiens pour l'étude de l'Antiquité Classique* (Fondation Hardt) 36, 1991, 48-81.

4 Vgl. zu dieser Schrift Karl BÜCHNER, „Aufbau und Sinn von Senecas Schrift *De clementia*“, in: *Hermes* 98, 1970, 203-223.

5 Ausführliche Interpretation der *Epistulae morales* bei Uwe DIETSCHE, *Strategie und Philosophie bei Seneca*, Berlin: 2014.

6 Vgl. dazu Karl-Hans ABEL, „Das Problem der Faktizität der Senecanischen Korrespondenz“, in: *Hermes* 109, 1981, 472-499.

7 Vgl. dazu Hellmut FLASHAR, *Hippokrates*, München: 2016, 196-207.

8 Ausführliche Erörterung des Verhältnisses von Seneca zu Epikur bei DIETSCHE, 157-251. Ferner: Gregor MAURACH, „Über ein Kapitel in Senecas Epistelcorpus“, in: (ders.), *Seneca als Philosoph*, 339-360 (zu epist. 33-41). Rudolf SCHOTTLÄNDER, „Epikureisches bei Seneca“, in: *Philologus* 199, 1955, 133-148.

9 Vgl. dazu Alfred STÜCKELBERGER, *Senecas 88. Brief. Über Wert und Unwert der freien Künste*, Heidelberg: 1965. Rezension dazu: Karlhans ABEL, in: *Gnomon* 38, 1966, 455-460.

10 Zu den *Naturales Quaestiones* vgl. Gisela STAHL, „Die *Naturales Quaestiones* des Seneca“, in: *Hermes* 92, 1964, 425-454. Nachdruck in: Gregor MAURACH (Hg.), *Seneca als Philosoph*, 264-304. Ferner: Gregor MAURACH, „Zur Eigenart und Herkunft von Senecas Methode in den *Naturales Quaestiones*“, in: *Hermes* 93, 1965, 357-369. Nachdruck in: Gregor MAURACH (Hg.), *Seneca als Philosoph*, 305-322. Sehr anregend ist Olof GIGON, „Senecas *Naturales Quaestiones*“, in: *Entretiens pour l'étude de l'Antiquité Classique* (Fondation Hardt) 36, 1991, 313-339. Hilfreich ist auch Martinus BROK, *Senecas* Naturwissenschaftliche Untersuchungen (Text, Übersetzung, Anmerkungen), Darmstadt: 1995.

11 Zur Quellenfrage vgl. die etwas komplizierten Überlegungen von Albert REHM, „Das Siebente Buch der *Naturales Quaestiones* des Seneca und die Kometentheorie des Poseidonios“, in: *Sitzungsbericht der Beyr. Ak. D. Wiss., phil-hist. Klasse 1921*, 1, 3-40. Nachdruck in: Gregor MAURACH (Hg.), *Seneca als Philosoph*, 228-263.

## *Die hellenistische Philosophie in der römischen Kaiserzeit*

1 Grundlegend Christoph RIEDWEG, Christoph HORN, Dietmar WYRWA (Hg.), *Die Philosophie der Antike*, Band 5/1 und 5/2, Basel: 2018. Informativ auch Wolfgang HAASE, Hildegard TEMPORINI (Hg.), *Aufstieg und Niedergang der römischen Welt*, Band 36: *Das Prinzipat*, Berlin: 1987. Zu Plutarch: Daniel BOBET, *Plutarque et le Stoicisme*, Paris: 1969. Zur historischen Situation vgl. Michael GRANT, *Das Römische Weltreich am Wendepunkt*, München: 1972.

2 Zu Apuleius vgl. Irmgard MÄNNLEIN-ROBERT, in: *Die Philosophie der Antike* (Anm. 1), 617-630.
3 Instruktiv ist das kurze Kapitel „Die stoische Opposition“ bei Gregor MAURACH, *Geschichte der römischen Philosophie,* 129f.
4 Zu Musaios vgl. auch Gretchen REYDAMS SCHILCH, in: *Die Philosophie der Antike,* Band 5/1 (Anm. 1), 157-162.
5 Zur Konzeption der Philosophie als Heilmittel vgl. auch Michael ERLER, *Philosophie als Therapie - Hellenistische Philosophie der Spätantike,* Stuttgart: 1999, 105-122.
6 Vgl. LUKIAN, *Der Eunuch* 3 (gleiche Zuwendung zu allen vier Schulen); PHILOSTRAT, *Vita Sophistarum,* 566. Zu Mark Aurel im Ganzen vgl. auch Gregor MAURACH, *Geschichte der römischen Philosophie,* 131-140; und vor allem Marcel van ACKEREN, *Die Philosophie Marc Aurels,* zwei Bände, Berlin: 2011.
7 Vgl. Michael GRANT, *Das römische Reich am Wendepunkt,* München: 1972, 164. Karen PIEPENBRINK, *Antike und Christentum,* Darmstadt: 2007.
8 Vgl. Dieter TIMPE, „Der Epikureismus in der römischen Gesellschaft der Kaiserzeit“, in: Michael ERLER (Hg.), *Epikureismus in der späten Republik und in der Kaiserzeit,* Stuttgart: 2000, 42-63.
9 Vgl. Jochen ALTHOFF, „Die Epikurrezeption bei Laktanz“, in: Therese FUHRER, Michael ERLER (Hg.), *Zur Rezeption der hellenistischen Philosophie in der Spätantike,* Stuttgart: 1999, 33-53.
10 Vgl. Michael ERLER, „Hellenistische Philosophie als ‚praeparatio platonica‘“, in: Therese FUHRER, Michael ERLER (Hg.), *Zur Rezeption der hellenistischen Philosophie in der Spätantike,* Stuttgart: 1999, 105-122.
11 Vgl. Reinold F. GLEI, „In carcere et vinculis? Fiktion und Realität in der *Consolatio philosophiae* des Boethius“, in: *Würzburger Jahrbuch für die Altertumswissenschaft* 22, 1998, 199-213. Zu Boethius im Ganzen sind wertvoll die Beiträge in: Manfred FUHRMANN, Joachim GRUBER (Hg.), *Boethius,* Darmstadt: 1984.
12 Zu Stobaios vgl. Tiziano DORANDI, in: *Philosophie der Antike,* Band 5/1, 471-485.

## *Ausblick*

1 Ich habe das näher ausgeführt in: *Lust und Pflicht. Wege zum geglückten Leben,* Wien: 2019, 59-69.
2 Plastische Schilderung der Lage bei Eric Robertson DODDS, *Heiden und Christen in einem Zeitalter der Angst,* Frankfurt: 1985, hier besonders das Kapitel „Der Dialog des Heidentums mit dem Christentum“ (92-117).
3 Vgl. dazu Gretchen REYDAMS-SCHILS, in: Christoph RIEDWEG et al. (Hg.), *Die Philosophie der Antike,* Band 5/1, Basel: 2018, 180 f. (mit Belegen). Ausführliche Analysen zum Verhältnis von Christentum und römischen Staat bei Karen PIEPENBRINK, *Antike und Christentum,* Darmstadt 2007.

4 Überblick bei Manfred LANDFESTER, „Renaissance-Humanismus", in: *Der Neue Pauly*, Band 9, Stuttgart: 2014, IX-XIV; Ferner: Michael WEICHENHARN, „Epikureismus", ebenda 315-327; und Lutz BERGEMANN, „Stoizismus", ebenda 943-950.

5 Im Einzelnen ausgeführt in: Hellmut FLASHAR, *Lust und Pflicht*, 83-105.

6 Zu den Gemeinsamkeiten der hellenistischen Schulen vgl. auch Joachim DALFEN, „Die Einheit der hellenistischen Philosophie", in: *Wiener Humanistische Blätter*, Sonderheft, Wien: 1995, 21-44.

# Literatur

Die folgenden Literaturangaben sind in knapper Auswahl als Arbeitsinstrumente gedacht. Ausführliche Literaturverzeichnisse zur hellenistischen Philosophie finden sich in:

FLASHAR, Hellmut (Hg.), *Die Philosophie der Antike*, Band 4/1 und 4/2, Basel: 1994; sowie für die Rezeption der hellenistischen Philosophie in der römischen Kaiserzeit in: RIEDWEG, Christoph, HORN, Christoph, WYRWA, Dietmar (Hg.), *Philosophie der Antike* 5/1–3, Basel: 2018. Ferner in: HOSSENFELDER, Malte, *Geschichte der Philosophie*, Band 3: *Stoa, Epikureismus und Skepsis*, München: [2]1995; und in ALGRA, Keimpe (Hg.), *The Cambridge History of Hellenistic Philosophy*, Cambridge: 1999.

## *Hellenismus als Epoche*

BICHLER, Reinhold, *Hellenismus*, Darmstadt: 1983.
BUSCHE, Jürgen, *Der Begriff des Hellenismus als Epochenname*, Frankfurt: 1974.
DROYSEN, Johann Gustav, *Geschichte des Hellenismus*, mit Einleitung von Hans-Joachim GEHRKE, Darmstadt: [3]1998.
GEHRKE, Hans-Joachim, *Geschichte des Hellenismus*, München: 1990.
KASSEL, Rudolf, *Die Abgrenzung des Hellenismus in der griechischen Literaturgeschichte*, Berlin: 1987.
SCHNEIDER, Carl, *Kulturgeschichte des Hellenismus*, Band 1, München: 1967, Band 2, München: 1969.
SCHOLZ, Peter, *Der Hellenismus*, München: 2015.
TARN, William, *Die Kultur der hellenistischen Welt*, Darmstadt: 1966 (ursprünglich: *Hellenistic Civilisation*, London: 1927).

## *Zur hellenistischen Philosophie im Ganzen*

ALGRA, Keimpe et al. (Hg.), *The Cambridge History of Hellenistic Philosophy,* Cambridge: 1999 (Beiträge von 14 Autoren zur hellenistischen Philosophie).

FLASHAR, Hellmut, GIGON, Olof, „Aspects de la Philosophie Hellenistique", in: *Entretiens sur l'Antiquité Classique* 32 (Fondation Hardt), Vandoeurres-Genève: 1985.

HOSSENFELDER, Malte, *Die Philosophie der Antike,* Band 3: *Stoa, Epikureismus und Skepsis,* München: [2]1995.

FLASHAR, Hellmut (Hg.), *Die Philosophie der Antike,* Band 4/1 und 4/2, Basel: 1994 (enthält Beiträge von ERLER, Michael, GAWLICK, Günter und GÖRLR, Woldemar, STEINMETZ, Peter).

HABICHT, Christian, *Hellenistic Athens and her philosophers,* Princeton, NJ: 1988.

LÉVI, Carlos, *Les philosophes hellenistiques,* Paris: 1997.

LEISEGANG, Hans, *Hellenistische Philosophie von Aristoteles bis Plotin,* Breslau: 1923 (Kurzdarstellungen).

LONG, Anthony, *Hellenistic Philosophy,* London: 1974.

LONG, Anthony, SEDLEY, D. H., *The Hellenistic Philosophers,* zwei Bände, Cambridge: 1987.

MÜLLER, Gernot Michael, et al. (Hg.), *Philosophie und Rom - Römische Philosophie,* Berlin: 2018.

STEINMETZ, Peter, „Die Krise der Philosophie in der Zeit des Hellenismus", in: *Antike und Abendland* 15, 1969, 122–134. Nachdruck in: (ders.), *Kleinere Schriften,* Stuttgart 2000, 172–184.

## *Epikur und seine Schule*

BARTLING, Heinz Michael, *Epikur. Theorie der Lebenskunst,* Cuxhaven: 1994.

ERLER, Michael, „Epikur", in: Hellmut FLASHAR (Hg.), *Die Philosophie der Antike,* Band 4, Basel: 1994, 29–202.

ERLER, Michael, *Epicurus. An Introduction to his Practical Ethics and Politics,* Basel: 2020.

HESSLER, Jan Erik, *Epikur. Brief an Menoikos,* Basel: 2014.

HOSSENFELDER, Malte, *Epikur,* München: 1991.

KIMMICH, Dorothee, *Epikureische Aufklärungen,* Darmstadt: 1993.

KRÄMER, Hans Joachim, „Epikur und die hedonistische Tradition", in: *Gymnasium* 87, 1980, 294–326.

LEMKE, Dietrich, *Die Theologie Epikurs,* München: 1973 (Zetemata 57).

MANUWALD, Anke, *Die Prolepsislehre Epikurs,* Bonn: 1972 (ursprünglich Dissertation Saarbrücken: 1971).

MÜLLER, Reimar, *Die epikureische Ethik,* Berlin: 1991.

## *Die Stoa*

VON ARNIM, Hans, *Stoicorum Veterum Fragmenta* (SVF), Leipzig: 1938.

BRINGMANN, Klaus, „Geschichte und Psychologie bei Poseidonios", in: FLASHAR, Hellmut, GIGON, Olof (Hg.), *Aspects de la philosophie Hellenistique,* 1985, 29-59.

EDELSTEIN, Ludwig, KIDD, Ian (Hg.), *Poseidonios. The Fragments,* Band 1, Cambridge: 1972, Band 2, Cambridge: 1988.

FORSCHNER, Maximilian, *Die Philosophie der Stoa,* Darmstadt: 2018.

GÄRTNER, Hans Armin, „Cicero und Panaitios", in: *Sitzungsber. der Heidelberger Akademie* 5, 1974.

GÖRLER, Woldemar, „ἀσθενὴς συγ'κατάθεσις. Zur stoischen Erkenntnislehre", in: *Würzburger Jahrbücher* NF. 3, 1977, 83-104.

HÜLSER, Karlheinz, *Fragmente zur Dialektik der Stoiker,* Stuttgart: 1987-1988.

LAFFRANQUE, Marie, *Poseidonios d'Apamée,* Paris: 1964.

PFLIGERSDORFER, Georg, *Studien zu Poseidonios,* Wien: 1959.

VAN STRAATEN, Modestus, *Panétius,* Amsterdam: 1956.

STRASBURGER, Hermann, „Der Scipionenkreis", in: *Hermes* 94, 1966, 60-72.

STEINMETZ, Fritz-Arthur, *Die Freundschaftslehre des Panaitios nach einer Analyse von Ciceros* Laelius de amicitia, Wiesbaden: 1967 (Palingenesia 3).

THEILER, Willy (Hg.), *Poseidonios. Die Fragmente,* Berlin: 1982.

## *Kyniker und Skeptiker*

BETT, Richard, *How to be a Pyrrhonist,* Cambridge: 2018.

LAIZZI, Decleva, *Pirrone, Testimonianze,* Napoli: 1981.

GÖRLER, Woldemar, „Skeptiker und Akademiker", in: Hellmut FLASHAR (Hg.), *Die Philosophie der Antike,* Band 4/2 Basel: 1994, 721-774.

GRAESER, Andreas, „Bemerkungen zum antiken Skeptizismus", in: *Allgemeine Zeitschrift für Philosophie* 3, 1978, 22-44.

RICKEN, Friedolf, *Antike Skeptiker,* München: 1994.

## *Akademie und Peripatos im Hellenismus*

GIGON, Olof, „Zur Geschichte der sogenannten Neuen Akademie", in: (ders.), *Studien zur antiken Philosophie,* Bern: 1972, 112-431.

GÖRLER, Woldemar, „Arkesilaos, Antiochos", in: Hellmut FLASHAR (Hg.), *Die Philosophie der Antike,* Band 4/2, 1994, 786-980.

STEINMETZ, Peter, „Die Krise der Philosophie in der Zeit des Hochhellenismus", in: *Antike und Abendland* 15, 1969, 122-134, Nachdruck in: Peter STEINMETZ, *Kleine Schriften,* hg. von Severin KOSTER, Stuttgart: 2000, 172-184.

WÖHRLE, Georg, *Theophrast von Eresos,* Trier: 2019.

*Die Rezeption der hellenistischen Philosophie in Rom*

BLÄNSDORF, Jürgen, STÄRK, Ekkehard, „Das Drama", in: SUERBAUM, Werner (Hg.), *Handbuch der lateinischen Literatur der Antike,* Band 1, München: 2002, 143-276.

HARDER, Richard, „Die Einbürgerung der Philosophie in Rom", in: *Die Antike* 5, 1929, 291-316. Nachdruck in: (ders.), *Kleine Schriften,* München: 1960, 330-353.

HÖLSCHER, Tonio, „Athen - die Polis als Raum der Erinnerung", in: HÖLKESKAMP, Karl Joachim, STEIN-HÖLKESKAMP, Elke (Hg.), *Die griechische Welt,* München: 2010, 128-150.

MAURACH, Gregor, *Geschichte der römischen Philosophie,* Darmstadt: [2]2006.

MÜLLER, Gernot Michael, ZINI, Foscar Mariani (Hg.), *Philosophie in Rom - römische Philosophie?,* Berlin: 2018.

SUERBAUM, Werner (Hg.), *Handbuch der Lateinischen Literatur der Antike,* Band 1, München: 2002, 93-142 (Die Archegeten).

ZARNT, Michael, „Publius Cornelius Scipio Aemilianus - der intrigante Enkel", in: HÖLKESKAMP, Karl Joachim, STEIN-HÖLKESKAMP, Elke, (Hg.), *Von Romulus zu Augustus,* München: 2000, 159-171.

*Lukrez*

ALGRA, Keime (Hg.), *Lucretius and his intellectuel background,* Amsterdam: 1987.

DEUFERT, Marcus, *Kritischer Kommentar zur Lukrezens De natura rerum,* Berlin: 2018.

ERLER, Michael, „Lukrez", in: Hellmut FLASHAR (Hg.), *Die Philosophie der Antike,* Band 4, Basel: 1994, 380-481.

ERLER, Michael, „Beweisführung bei Lukrez", in: MÜLLER, Gernot Michael, ZINI, Fasca Mariani (Hg.), *Philosophie in Rom - römische Philosophie?,* Berlin: 2018, 175-180.

FURLEY, David J., „Lucretius and the Stoics", in: *of London, Institute for Classical University Studies* 13, 1966, 13-33.

MAURACH, Gregor, *Geschichte der römischen Philosophie,* Darmstadt: [3]2006, 28-49.

NOLLER, Eva Marie, *Die Ordnung der Welt. Darstellungsformen von Dynamik, Statik und Emergenz in Lukrez* De rerum natura, Heidelberg: 2019.

*Cicero*

GÖRLER, Woldemar, *Untersuchungen zu Ciceros Philosophie,* Heidelberg: 1974.

GIGON, Olof, „Cicero und die griechische Philosophie", in: (ders.), *Die antike Philosophie als Maßstab und Realität,* Zürich: 1977, 162-207.

GIGON, Olof, „Studien zu Ciceros *De re publica*", in: (ders.), *Die antike Philosophie als Maßstab und Realität,* Zürich: 1977, 208-355.

GÖRGEMANNS, Herwig, „Die Bedeutung der Traumeinkleidung im *Somnium Scipionis*“, in: *Wiener Studium* 81, 1968, 46–69.
HARDER, Richard, *Über Ciceros* Somnium Scipionis, Halle: 1929 (Schriften der Königsberger gelehrten Gesellschaft), Nachdruck in: (ders.), *Kleine Schriften*, München: 1960, 354–395.
HELDMANN, Konrad, „Ciceros *Laelius* und die Grenzen der Freundschaft“, in: *Hermes* 104, 1976, 72–103.
HOMMEL, Hildebrecht, „Ciceros Gebetshymnus an die Philosophie. *Tusculanen* V 5“, in: *Sitzungsbericht d. Heidelberger Ak. D. Wiss., phil.-hist. Klasse* 3, 1968.
KNOCHE, Ulrich, „Ciceros Dialog über das Alter“, in: (ders.), *Ausgewählte kleine Schriften*, Frankfurt: 1984, 136–153.
LEFÉVRE, Eckard, *Panaitios und Ciceros Pflichtenlehre*, Stuttgart: 2001 (Hermes-Einzelschriften 150).
LEFÉVRE, Eckard, *Philosophie unter der Tyrannis*, Heidelberg: 2008.
LEONHARDT, Jürgen, *Ciceros Kritik der Philosophenschulen*, München: 1999 (Zetemata 103).
SCHALLENBERG, Magnus, *Freiheit und Determinismus*, Berlin: 2008.
SCHULLER, Wolfgang, *Cicero*, München: 2013.
STROH, Wilfried, *Cicero. Redner, Staatsmann, Philosoph*, München: 2008.
VIELBERG, Meinholf, „Philosophie und Religion in Ciceros Schrift *De divinatione*“, in: *Gymnasium* 126, 2019, 42–71.
ZIMMERMANN, Bernhard (Hg.), *Cicero, Politiker, Redner, Philosoph*, Freiburg: 2017.

## *Seneca*

ABEL, Karl-Hans, „Das Problem der faktischen Zeit der Senecanischen Korrespondenz“, in: *Hermes* 109, 1981, 472–499.
ABEL, Karl-Hans, „Die ‚beweisende‘ Struktur des Senecanischen Dialoges“, in: *Entretiens pour l'étude d'Antiquité Classique* (Fondation Hardt) 36, 1991, 48–81.
BROK, Martin F. A., *Senecas* Naturwissenschaftliche Untersuchungen (*Naturales Quaestiones*, Text, Übersetzung, Anmerkungen), Darmstadt: 1995.
BÜCHNER, Karl, „Aufbau und Sinn von Senecas Schrift *De clementia*“, in: *Hermes* 98, 1970, 203–223.
DIETSCHE, Uwe, *Strategie und Philosophie bei Seneca*, Berlin: 2014.
FUHRMANN, Manfred, *Seneca und Kaiser Nero*, Berlin: 1997.
GIGON, Olof, „Senecas *Naturales Quaestiones*“, in: *Entretiens pour l'étude d'Antiquité Classique* (Fondation Hardt) 36, 1991, 313–339.
HOLZBERG, Niklas, „Racheakt und negativer Fürstenspiegel oder literarische Maskerade“, in: *Gymnasium* 123, 2016, 321–329.
LUND, Allan A., *Apocolocynthosis Divi Claudii*, Heidelberg: 1994.
MAURACH, Gregor (Hg.), *Seneca als Philosoph*, Darmstadt: 1975.
MAURACH, Gregor, *Seneca. Leben und Werk*, Darmstadt: $^{6}$2013.

MAURACH, Gregor, „Zur Eigenart und Herkunft von Senecas Methode in den *Naturales Quaestiones*", in: *Hermes* 93, 1965, 357-369.

MAURACH, Gregor, „Über ein Kapitel in Senecas Epistelcorpus", in: (ders.), *Seneca als Philosoph,* 339-360.

REHM, Albert, „Das Siebente Buch der *Naturales Quaestiones* des Seneca und die Kometentheorie des Poseidonios", in: *Sitzungsber. d. Bayr. Ak. D. Wiss., phil.-hist. Klasse* 1921, 1, 3-40. Nachdruck in: MAURACH, Gregor (Hg.), *Seneca als Philosoph,* 228-263.

SCHOTTLÄNDER, Rudolf, „Epikureisches bei Seneca", in: *Philologus* 99, 1955, 133-148.

STAHL, Gisela, „Die *Naturales Quaestiones* des Seneca", in: *Hermes* 92, 1964, 425-454.

WEBER, Dorothea, „Ethik und Naturwissenschaft. Die Praefatio zu Senecas *Naturales Quaestiones*", in: *Wiener Humanistische Blätter,* Sonderheft 1955, 73-92.

## *Die hellenistische Philosophie in der römischen Kaiserzeit*

van ACKEREN, Marcel, *Die Philosophie Marc Aurels,* zwei Bände, Berlin: 2011.

ALTHOFF, Jochen, „Die Epikurrezeption des Laktanz", in: FUHRER, Therese, ERLER, Manfred (Hg.), *Zur Rezeption der hellenistischen Philosophie in der Spätantike.*

BOBET, Daniel, *Plutarque et le Stoicime,* Paris: 1969.

DODDS, Eric Robertson, „Heiden und Christen im Zeitalter der Angst", Frankfurt am Main: 1985.

ERLER, Michael (Hg.), *Zur Rezeption der hellenistischen Philosophie in der Spätantike,* Stuttgart: 1999.

ERLER, Michael, „Hellenistische Philosophie als ‚praeparatio philosophica'", in: FUHRER, Therese, ERLER, Michael (Hg.), *Zur Rezeption der hellenistischen Philosophie in der Spätantike.*

FUHRER, Therese, ERLER, Michael (Hg.), *Zur Rezeption der hellenistischen Philosophie in der Spätantike,* Stuttgart: 1999.

FUHRMANN, Manfred, GRUBER, Joachim (Hg.), *Boethius,* Darmstadt: 1984.

GLEI, Reinhold F., „In carcere et vinculis? Fiktion und Realität in der *Consolatio philosophiae* des Boethius", in: *Würzburger Jahrbücher für die Altertumswissenschaft* 22, 1998, 199-213.

GRANT, Michael, *Das römische Reich am Wendepunkt,* München: 1972.

HAASE, Wolfgang, TEMPORINI, Hildegard (Hg.), *Aufstieg und Niedergang der römischen Welt,* Band 36: *Das Prinzipat,* Berlin: 1987.

RIEDWEG, Christoph, HORN, Christoph, WYRWA, Dietmar (Hg.), *Die Philosophie der Antike,* Band 5/1 und 5/2: *Philosophie der Kaiserzeit und der Spätantike,* Basel: 2018.

TIMPE, Dieter, „Der Epikureismus in der römischen Gesellschaft der Kaiserzeit", in: ERLER, Michael (Hg.), *Epikureismus in der späten Republik und in der Kaiserzeit,* Stuttgart: 2000, 42-63.

*Ausblick*

LANDFESTER, Manfred, „Renaissance-Humanismus“, in: *Der Neue Pauly,* Stuttgart: 2014 (dort weitere Literatur).
PIEPENBRINK, Karen, *Antike und Christentum,* Darmstadt: 2007.

*Passagen Philosophie*

Hellmut Flashar

# Frühgriechische Philosophie

Noch immer werden die frühgriechische Philosophie und ihre Vertreter meist unter dem Begriff der „Vorsokratiker“ subsummiert. Für Hellmut Flashar ist diese Klassifizierung jedoch missverständlich, da sie einer reduktiven Auslegung Vorschub leistet. Die frühgriechischen Philosophen werden bei Flashar dezidiert nicht als „Vorsokratiker“ bezeichnet, da dieser Begriff das Vor-läufige (im wörtlichen Sinne) in den Fokus rückt und damit impliziert, dass es sich dabei um eine Vorstufe des abendländischen Denkens handeln würde. Die frühgriechische Philosophie muss jedoch vielmehr als etwas Eigenständiges angesehen werden, das von den frühesten Anfängen einer Philosophie bis hin zu ausgebildeten philosophischen Systemen reicht, die allerdings nur fragmentarisch überliefert sind. Mit *Frühgriechische Philosophie* legt Hellmut Flashar nun ein weiteres Standard- und Einführungswerk vor, das einen strukturierten Überblick über die Autonomie des philosophischen Denkens vor Sokrates und Platon liefert.

*Passagen Philosophie*

Hellmut Flashar

# Lust und Pflicht

## Wege zum geglückten Leben

Lust und Pflicht sind Phänomene, die das Wesen des Menschen unmittelbar prägen. Sie haben von den Anfängen der Literatur und Philosophie bis in die Gegenwart unterschiedliche Ausdeutungen und Bewertungen erfahren, die nachzuzeichnen das Anliegen dieses Buches ist. Der Mensch entwickelt schon früh ein instinktives Luststreben und in der Regel auch ein deutliches Pflichtgefühl. Beide Begriffe – Lust und Pflicht – sind zuerst in der griechischen Philosophie reflektiert, bewertet und systematisch untersucht worden. Platon und Aristoteles diskutieren sie als Ziele im Sinne eines gelungenen Lebens, und die hellenistischen Philosophenschulen fassen Lust und Pflicht als polemischen und systematischen Gegensatz. Hellmut Flashar analysiert den Deutungsprozess, dem die Begriffe Lust und Pflicht seit ihrer Entstehung in der griechischen Antike unterliegen und zeichnet seine Entwicklung über das frühe Christentum, die Renaissance und die Interventionen Kants und Freuds bis in die Gegenwart nach.

*Passagen Philosophie*

Hellmut Flashar

# Platon

## Philosophieren im Dialog

Platons vollständig erhalten gebliebenes Werk hat die abendländische Philosophie geprägt. Das Anliegen dieses Buches ist es, in gut verständlicher Sprache einen Überblick über alle platonischen Dialoge zu geben. Zugänglich, umfassend und übersichtlich bietet es eine ideale Einführung in das facettenreiche Denken Platons. Kein Philosoph hat über die Jahrhunderte bis in die unmittelbare Gegenwart hinein eine so reiche Wirkung erfahren wie Platon. Dabei bleibt der Autor der platonischen Dialoge im Verborgenen: Er selbst tritt nicht als Dialogpartner auf, sondern lässt Sokrates mit anderen diskutieren. Obwohl Platon - der Begründer der „Akademie" - über eine interne Prinzipienlehre verfügte, hat er seine Philosophie ausschließlich in Form von Dialogen artikuliert. Damit zeigt er, dass das Philosophieren im Sinne einer Suche nach der Wahrheit immer im lebendigen Vollzug stattfindet: Der Dialog ist das notwendige Mittel des philosophischen Denkens. Darin liegt die Einzigartigkeit des platonischen Werkes.